DÉDA FRACHON

DIE SAUCEN DER NEUEN KÜCHE

111 moderne Rezepte für leichte Saucen
mit viel Raffinesse

Deutsche Erstveröffentlichung

WILHELM HEYNE VERLAG

MÜNCHEN

HEYNE-BUCH Nr. 4258
im Wilhelm Heyne Verlag, München

Titel der französischen Originalausgabe
A QUELLES SAUCES VOULEZ-VOUS MANGER?
Deutsche Übersetzung von Marion Dill

Copyright © 1976 by Editions de Trévise,
distribué par Opera Mundi
Copyright © der deutschen Übersetzung 1978 by
Wilhelm Heyne Verlag, München
Printed in Germany 1978
Umschlagbild: Fotostudio Teubner, Füssen
Umschlaggestaltung: Atelier Heinrichs, München
Gesamtherstellung: Ebner, Ulm

ISBN 3-453-40234-0

Inhalt

Vorwort 7
Einleitung 9
Vorschläge: Welche Sauce wozu? 11
Lexikon gastronomischer Ausdrücke 13
Vorbemerkung 16
Warme Saucen 17
Kalte Saucen 93
Marinade und Court Bouillon 116
Saucen für Desserts 118
Register nach Sachgruppen 123
Alphabetisches Register 125

Abkürzungen und Erläuterungen:
EL = Eßlöffel
TL = Teelöffel
Msp = Messerspitze

Das bei den Zutaten angegebene Tassenmaß
bezieht sich auf eine normalgroße Kaffeetasse
(Flüssigkeitsmenge 3/16 l)

Vorwort

Bei der Kochkunst kommt es vor allem darauf an, zweckmäßig und wirkungsvoll zu arbeiten. Über die Flut von Literatur zum Thema Kochen können sich allenfalls noch Einfältige amüsieren – meiner Meinung nach jedoch nicht ernsthafte Leute, denen es darum geht, zu essen, nicht nur sich zu ernähren. Im übrigen hat gute Literatur es nicht nötig, sich anzupreisen. Sie ergibt sich, wenn ich das so sagen darf ...
Das kleine Buch von Madame Déda Franchon gefällt mir, denn es ist knapp und zweckmäßig und zugleich voll inhaltlichen Reichtums. Es bringt etwas Neues, es zeigt uns eine neue Art, Saucen herzustellen. Und das behaupte ich, der doch sonst, was das Kochen anbelangt, nicht an neue Rezepte und noch viel weniger an das, was manche das Geheimnis nennen, glaubt. Ich muß mich dazu deutlicher ausdrücken, denn schließlich stelle ich hier ein neues Buch vor. Außerdem mag ich es überhaupt nicht, wenn ich mir widerspreche.
Der Gedanke, daß es in der Kochkunst Geheimnisse geben könnte, hat mich schon immer amüsiert. Wirklich große Köche, wie Auguste Escoffier und Ferdinand Point, hatten es nie nötig, irgend etwas zu verbergen.
Ich bin auch davon überzeugt, daß man in der Kochkunst keine neuen Rezepte erfindet (denn in großen Umrissen ist doch alles schon miteinander kombiniert worden – und fast immer mit großem Erfolg); dennoch kann man schöpferisch wirken, indem man etwas wiedererfindet, oder indem man frei zu sich ergebenden Themen improvisiert. Am meisten bewundere ich den Koch, der, sich seines Wissens und seiner Mittel, seiner Technik und seiner

Fähigkeiten sicher, es sich erlauben kann, hundertmal über das gleiche Thema zu improvisieren. Ein Koch, der nur von seiner Fantasie abhängig ist, das versteht sich von selbst, und vielleicht auch von dem, was das Ganze noch aufregender macht: den ihm zur Verfügung stehenden Mitteln. Darin liegt allerdings ein Geheimnis, aber es ist praktisch nicht mitteilbar.

Ich kann die Gründe noch genauer angeben, aus denen ich mich für die von Déda Franchon ausgedachten Saucen der neuen Küche begeistere, Saucen, die sich keinesfalls anmaßen, die großen klassischen Saucen zu verdrängen. Ich bin zwar ein fanatischer Anhänger der Küche, in der alles langsam schmurgelt und brutzelt, bin gegen die Barbarei des Grillens und Bratens nach Allerweltssystem, aber ich verlange nicht, daß diese Methoden abgeschafft werden müssen. Zudem bestreite ich den bekannten Ausspruch von Brillat-Savarin, vor dem so viele Anhänger des guten Essens und Trinkens niederknien, welcher besagt, daß man Koch erlernen kann, zum Rôtisseur aber geboren sein muß. Ich würde eher das Gegenteil meinen, wenn ich nicht ohnehin glaubte, daß es besser wäre, als beides zugleich auf die Welt zu kommen.

Wie dem auch sei, in der Kochkunst sind es die Hilfsmittel, die eine große Rolle spielen, also die Saucen. Und es ist eine Tatsache, daß sie in der schnellen Küche, in der Küche der kurzen Garzeiten, eine größere Rolle spielen als in der des Rôtisseurs.

Welche Freude demnach, viele Saucen zubereiten zu können, welche Freude auch, den großen klassischen Saucen manchmal untreu zu werden, wenigstens für gewisse Gerichte, zu denen Saucen nicht unbedingt erforderlich sind!

Constant BOURQUIN

Einleitung

Lieben Sie Saucen? Ich liebe sie leidenschaftlich. Ich bin überzeugt, daß man lieber eine gehaltvolle, sämige oder eine pikante, säuerliche Sauce zaubert als die gedünstete Seezunge, die gebratene Wildente oder die Hammelkeule, die sie überzieht. Sicher, die größten Saucen sind nicht wirklich groß, außer wenn sie ein Gericht unterstreichen, ohne selbst in den Vordergrund zu treten, außer wenn sie einen knusprig braunen Braten oder einen silbrig glänzenden Fisch in eine schmackhafte Speise, eine raffinierte Spezialität verwandeln. Die Kunst, zu harmonisieren, sich zum Komplizen eines Gerichts zu machen, sind ihre Tugenden. Die besten Saucen rücken nicht sich in den Vordergrund, sondern sie glorifizieren die Zubereitungen, die sie begleiten.

Doch sie können nicht nur allein das. Saucen haben Geheimnisse und Launen, die unseren Gerichten eine unendliche Mannigfaltigkeit verleihen. Sie sind auch der Schmuck bestimmter Gerichte, derer man sich liebevoll erinnert, noch lange, nachdem man sie gekostet hat.

Nun kann die Kunst, Saucen entstehen zu lassen, jedem von uns verständlich werden. Es genügt ein wenig Wissen, ein wenig Intuition, ein wenig Kühnheit.

Diese Saucenrezepte, die ich für Sie aufgeschrieben habe, werden Ihnen Freude bereiten: Probieren Sie einige davon aus, und kreieren Sie, von diesen ausgehend, wieder andere. Zusammen werden wir gegen die Einförmigkeit kämpfen, die unsere Nahrungsmittel von morgen bedroht.

Nun liegt es an Ihnen, diese Saucen zu Ihren persönlichen

Saucen zu machen, mit den Reizen, den Geschmäcken, den Aromen zu jonglieren; an Ihnen, die unmöglichen Verbindungen möglich zu machen, bis ins Unendliche zu variieren, die Saucen von morgen zu schaffen.

Vorschläge: Welche Sauce wozu?

Kalbfleisch
  Kalbsschnitzel 20
  Kalbskotelett 20, 21
  Kalbsbraten, Kalbsnuß oder Kalbsschwanzstück 22, 23, 24
  Kalbsleber 25
  Kalbszunge 19
  Kalbskopf 28
  Kalbsnieren 27

Schweinefleisch
  Schweinebraten oder Schweinekotelett 22, 29, 30, 106
  Schinken in Scheiben 32
  Geschmorter Schinken 32, 33, 56

Lamm- oder Hammelfleisch
  Lammkeule oder Lammschulter 46, 48
  Hammelkeule 43, 45, 48

Rindfleisch
  Gegrilltes Steak 38, 39
  Entrecôte 40

Rinderfilet, Rumpsteak 33, 36, 37, 38, 41, 105
Rinderrippenscheibe 38, 41
Gekochtes Rindfleisch 43
Rinderzunge 20, 43, 44

Geflügel
Gekochtes Huhn oder Huhn im Topf 42, 47, 107
Brathähnchen 52
Ente, Jungente 29, 37, 50, 51, 54, 56, 57
Federwild, Haselhuhn, Wachtel, Amsel, Fasan 49, 51, 54, 55, 56, 57, 58, 59, 61
Gebratene Gans 106

Wild
Kaninchen, junges Kaninchen, Hase, junger Hase 21, 62, 63, 64
Frischling, Reh 60, 61

Fisch, gedünstet
Seezunge, Merlan 66, 74, 75, 80
Forelle, Hecht, Barsch, Saibling 69, 73, 74, 75, 76, 78, 81
Lachs 110
Kabeljau, Steinbutt, Aal 68, 70, 74, 75, 80, 82, 83, 84, 114

Fisch, gegrillt
Gegrillte Makrelen 71
Rotbarbe oder Felsfisch 79

Schal- und Krustentiere
Hummer, Flußkrebse 115
Gegrillte Scampi 32

Garnelen, Krabben 112
Langustinen, Jakobsmuscheln 77, 85, 112, 113
Fischklößchen 67, 70, 85

Eier
pochiert, hartgekocht, weichgekocht etc. 18, 35, 54, 55, 65

Teigwaren
Hausgemachte Nudeln, Spaghetti, Makkaroni etc. 35, 89

Pilze
Trüffeln 88

Verschiedenes
Blutwurst, Bratwurst 86, 87

Gemüse
Spargel 65, 75, 92
Verschiedene Salate 94, 96, 97, 98, 100, 101, 104
Avocados 103
Kartoffeln 102
Rohkost 99, 115

Obst
Ananas, Birnen, Bananen, frisches und gedünstetes Obst 119, 120, 121

Eis
Eis, Sorbet, Génoise, Pudding 118, 121, 122

Lexikon gastronomischer Ausdrücke

Abkochen
eine Substanz in Flüssigkeit garen, um ihr die löslichen Bestandteile zu entziehen.

Ablöschen
angebräuntes Fleisch, geröstetes Gemüse oder Bratensatz mit einer kalten oder warmen Flüssigkeit begießen.

Abschäumen
mit einem Schaumlöffel den sich nach dem ersten Aufkochen an der Oberfläche absetzenden Eiweißschaum bei Suppen und Saucen abschöpfen.

Aiguillettes
lange, dünne Streifen von geschmortem Fleisch oder gebratener Hühner- oder Entenbrust.

Allongieren
eine Flüssigkeit mit einer anderen verlängern.

Amalgamieren
verschiedene Produkte zu einer homogenen Masse (Appareil) vermischen.

Appareil
Gemisch aus verschiedenen rohen oder gekochten Zutaten.

Auflösen
eine Substanz mit Flüssigkeit verrühren oder darin aufweichen.

Bain-Marie
Wasserbad; ein großes, bis zur Hälfte mit kochendem Wasser gefülltes Gefäß, in das man einen Topf mit beispielsweise Sauce hineinstellt. Dient zum langsamen, gleichmäßigen Kochen sowie zum Warmhalten von bestimmten Saucen und Speisen.

Bearbeiten
eine Sauce unter Rühren einkochen lassen.

Beurre Manié
mit Mehl verknetete Butter (1 EL Mehl auf 15 g Butter) zum Binden von Saucen.

Blanchieren
Lebensmittel in kochendes (Salz-)Wasser tauchen, um sie weich zu machen, teilweise zu garen oder ihnen die Schärfe zu nehmen.

Bouquet Garni
ein Kräutersträußchen, hauptsächlich aus Petersilie, Kerbel, Thymian, Lorbeerblatt und Selleriegrün bestehend.

Chinois
feines Haarsieb aus Metall; dient zum Passieren von Aufbereitungen, um eine glatte Flüssigkeit oder ein geschmeidiges Püree zu erhalten.

Concassieren
mit einem Messer oder einer Gabel grob zerkleinern.

Dämpfen
in einem hermetisch geschlossenen Gefäß mit wenig Flüssigkeit garen.

Deglasieren
ablöschen; den Bratensatz in einer Pfanne mit wenig Flüssigkeit aufgießen und aufkochen lassen.

Dressieren
eine Speise zum Servieren auf einer Platte gefällig anrichten.

Emincieren
in hauchdünne Scheiben oder Streifen schneiden.

Julienne
streichholzdünne Streifchen, z. B. Fleischjulienne oder Gemüsejulienne.

Kartoffelmehl
leichtes, aus der Kartoffel gewonnenes Stärkemehl, das zum Binden bestimmter Saucen dient.

Liieren
eine Sauce mit Stärkemehl, Mehl oder mit Eigelb und Sahne binden.

Maskieren
eine Speise mit einer dickflüssigen Sauce bedecken.

Mijotieren
eine Speise bei besonders schwacher Hitze dünsten oder schmoren.

Mitonnieren
eine Speise bei schwacher Hitze lange köcheln lassen.

Montieren
eine Sauce unter Zugabe von Butter, Sahne und einem Eigelb mit einem Schneebesen locker und schaumig aufschlagen.

Nappieren
eine Speise mit einer Sauce überziehen.

Pochieren
eine Speise in siedender Flüssigkeit garen.

Reduzieren
Saucen stark einkochen lassen, um den Geschmack zu verstärken.

Reduzieren, vollständig
so weit einkochen lassen, bis die Flüssigkeit vollkommen verdampft ist.

Reservieren
eine Aufbereitung bis zum Servieren oder zur Weiterverwendung beiseite stellen und gegebenenfalls warm halten.

Revenieren
Fleisch oder Gemüse in Butter oder einem anderen Fett anbraten.

Roux
Bindemittel für Saucen, Mehlschwitze; in erhitzter Butter wird Mehl weiß, blond oder braun geröstet und mit Flüssigkeit abgelöscht.

Saupoudrieren
mit Salz bestreuen; eine pudrige Substanz in eine Aufbereitung oder eine Speise rieseln lassen.

Schmoren
in einem fest geschlossenen Gefäß in Fett, wenig Flüssigkeit und in Dampf garen.

Schwitzen
in geschlossenem Gefäß auf kleiner Flamme in Butter leicht anrösten.

Tournieren
Gemüse dekorativ zurechtschneiden, beispielsweise gleichmäßig rund etc.; eine Sauce mit einem Holzlöffel umrühren, damit sie nicht anhaftet.

Zwiebel, gespickt
eine mit Gewürznelken, bisweilen auch mit einem Lorbeerblatt besteckte Zwiebel.

Vorbemerkung

Wenn Sie Schwierigkeiten bei der Beschaffung von Crème fraîche haben, hier ein Vorschlag für einen nahezu adäquaten Ersatz: $1/4$ l süße Sahne in 15 Minuten auf $1/8$ l einkochen und anschließend im Kühlschrank andicken lassen.
Sie können auch Doppelrahmfrischkäse zerdrücken und mit süßer Sahne zur gewünschten Konsistenz verrühren.

Warme Saucen

Béchamelsauce

4 nußgroße Stück Butter, 1½ EL Mehl, ½ l heiße Milch, 1 TL scharfer Senf, 4 Prisen frisch geriebene Muskatnuß, Salz, Pfeffer

Die Butter in einer Kasserolle bei Mittelhitze zergehen lassen und das Mehl einstreuen. Kräftig mit einem Holzlöffel umrühren, einige Sekunden durchschwitzen und anschließend abkühlen lassen.
Die heiße Milch auf einmal dazuschütten und das Ganze gut vermischen.
Die Kasserolle 10 Minuten auf das Feuer stellen, dabei das Umrühren nicht vergessen. Mit Salz, Pfeffer und Muskat würzen und den Senf zufügen.
Voilà! Die Béchamel ist fertig und sicherlich gelungen. Wäre sie wider Erwarten klumpig, so würde es genügen, sie durch ein Haarsieb zu streichen, damit sie schön glatt wird.
Zubereitung der Sauce: etwa 15 Minuten.

Béchamelsauce mit Sahne und geriebenem Käse
zu Gemüse, Fleisch, Fisch, Eiern

½ l Béchamel, 1 Tasse Crème fraîche, 3 nußgroße Stück Butter, ½ Tasse geriebener Käse (je zur Hälfte Gruyère und Parmesan)

Die Crème fraîche, die Butter in Stückchen und den geriebenen Käse in die heiße Béchamel einarbeiten. Mit einem Holzlöffel zu einer homogenen Masse rühren.

Diese Sauce eignet sich für zahlreiche Zubereitungen, die nach dem Gratinieren eine knusprige Kruste haben sollten.

Zubereitung der Sauce: 20 Minuten.

Béchamelsauce mit Meerrettich
zu geschmorter Kalbszunge oder geschmortem Rindfleisch

½ l Béchamel, 2 nußgroße Stück Butter, ½ Tasse Crème fraîche, ½ Tasse geriebener Meerrettich

Die Butter, die Crème fraîche und den Meerrettich in die heiße Béchamel geben. Nicht mehr kochen lassen, im Wasserbad bei schwacher Hitze warm halten.
Die Zunge oder das Rindfleisch in feine Scheiben schneiden und mit der Sauce nappieren.
Als raffinierte Beilage: knackig gekochte Prinzeßbohnen.
Anmerkung: Jede Béchamelsauce kann mit 2 Eigelb und dem Saft ½ Zitrone, mit 2 EL Tomatenmark oder auch mit aromatischen Kräutern verändert werden. Sie werden nicht müde werden, der Sauce jeweils ein anderes Erscheinungs- und Geschmacksbild zu geben.
Zubereitung der Sauce: 20 Minuten.

Senfsauce
zu Schnitzeln oder Kalbskoteletts

5 nußgroße Stück Butter, 1 TL Zitronensaft, 1 TL scharfer Senf, 1 TL brauner Senf, 1 Tasse Crème fraîche, 1 EL heißes Wasser, Salz, Pfeffer

Die Schnitzel bei starker Hitze rasch in der Butter braten. Sobald sie auf beiden Seiten goldbraun sind, die Hitze verringern, die Schnitzel auf einer Platte anrichten und warm halten.

Den Inhalt der Schüssel, in der man die beiden Senfsorten, Zitronensaft, Crème fraîche, Salz und Pfeffer vermischt hat, zu dem mit dem heißen Wasser abgelöschten Bratensatz in die Pfanne geben.

Einen Schuß Bouillon zufügen und Seitenwände und Boden der Pfanne mit einem Holzspachtel gut abkratzen, damit die Sauce ihre schöne braune Farbe erhält.

Die Schnitzel mit der Sauce überziehen und sofort servieren. Hausgemachte Nudeln, Reis, ein mit Sahne aufgeschlagenes Kartoffelpüree unterstreichen die reizvolle Schlichtheit dieser Sauce.

Zubereitung der Sauce: 15 Minuten, desgleichen die Schnitzel.

Kakaosauce
zu Kalbskoteletts oder geschmortem Kaninchen

1 Zwiebel, fein gehackt, ½ Glas trockener Weißwein, ½ Tasse Bouillon, 100 g Champignons, in Scheiben geschnitten, 2 EL Tomatenmark, 1 Msp Safran, 10 Mandeln, geröstet und im Mixer zerkleinert, 1 EL Kakao, 1 EL Wasser, Salz

Den Weißwein zusammen mit der Zwiebel zum Kochen bringen. Einige Sekunden einkochen lassen, die Hitze etwas verringern und die Champignons, die Bouillon und das Tomatenmark hinzufügen.

In einer Schüssel das Wasser, den Kakao, den Safran und die Mandeln zu einer glatten Masse verrühren. In die Kasserolle geben, in der die Zwiebel und die Champignons köcheln, und das Ganze sorgfältig zu einem sämigen Gemisch vermengen. Mit Salz würzen.

Sobald die Koteletts gebraten sind, den Bratensatz zur Sauce geben. Die Koteletts auf einer Platte anrichten und mit der Sauce übergießen.

Zubereitung der Sauce: 15 Minuten; gleiche Bratzeit für die Kalbskoteletts.

Champignonsauce
zu Kalbs- und Schweinebraten und Brathähnchen

4 nußgroße Stück Butter, ½ l kräftige Bouillon, 4 Tassen Champignons, in Scheiben geschnitten, 1 Tasse Crème fraîche, 1 EL Kartoffelmehl

Bei Mittelhitze die in Scheiben geschnittenen Champignons in der Butter dünsten. Wenn sie halbweich sind, das Kartoffelmehl einstreuen und die Bouillon dazugießen. 30 bis 50 Minuten sanft köcheln lassen.
Diese Aufbereitung durch eine Gemüsemühle passieren; dabei soviel Champignonfleisch wie möglich durchpassieren, um ein feines Püree zu erhalten. Abschmecken und die Crème fraîche dazugeben.
Wandeln Sie die Sauce einmal durch Beigabe von gedünsteten Morcheln ab.
Zubereitung der Sauce: etwa 1 Stunde.

> Gott hat das Nahrungsmittel erschaffen, der Teufel die Würze.
>
> *James Joyce*

Walnußsauce mit Roquefort
zu Kalbsbraten, Kalbsnuß oder Kalbsschwanzstück

15 schöne Walnüsse, ohne Schale und im Mixer zerstoßen, 200 g Roquefort, 1½ Tassen Crème fraîche, 1 Likörglas Portwein, Salz, Pfeffer aus der Mühle

Die im Mörser zerstoßenen Walnüsse und die Hälfte des Roquefort zu einer glatten Paste verarbeiten.

In einer Kasserolle den restlichen Roquefort, den Portwein, die Crème fraîche, Salz und Pfeffer unter ständigem Rühren mit einem Holzlöffel erhitzen.

Den fertigen Kalbsbraten in Scheiben schneiden, jede Scheibe mit der Walnuß-Roquefort-Paste bestreichen und die Scheiben in einer Auflaufform wieder zu einem Braten zusammensetzen. Den Bratensatz sowie den beim Aufschneiden des Bratens ausgetretenen Saft mit der erhitzten Roquefortmasse vermengen und den Braten mit dieser Sauce nappieren.

Das Ganze 30 Minuten in einen schwach geheizten Ofen schieben.

Zu diesem charaktervollen Gericht eine zarte, nur leicht gewürzte Beilage reichen.

Zubereitung der Sauce: etwa 15 Minuten, aber 1 Stunde für den Braten.

> Die Kochkunst wird sich entwickeln, ohne dabei aufzuhören, Kunst zu sein.
> *Auguste Escoffier*

Madeirasauce mit Parmesan
zu Kalbsbraten, Kalbsnuß oder Kalbsschwanzstück

2 Tassen leichte Béchamel, 2 Tassen Crème fraîche, ½ Weinglas Madeira, 1 EL scharfer Senf, Saft ½ Zitrone, 1 Tasse geriebener Parmesan, 1 große Zwiebel, mit 3 Nelken gespickt

Bereiten Sie den Kalbsbraten auf die von Ihnen bevorzugte Art und Weise zu: Braten Sie ihn entweder in der Röhre oder in einem Schmortopf, vergessen Sie aber bei beiden Methoden nicht, die mit Nelken gespickte Zwiebel dazuzugeben. Den Bratensaft anschließend durch ein Haarsieb streichen, wobei Sie die Zwiebel (Nelken entfernen!) sorgfältig zerdrücken. In einer Kasserolle auf kleiner Flamme die Béchamel, den scharfen Senf, Zitronensaft, Madeira, Bratensaft und die Crème fraîche vermengen.

Den in Scheiben geschnittenen Braten in einer Auflaufform anrichten, mit geriebenem Parmesan bestreuen und reichlich mit Sauce überziehen. Nochmals mit Parmesan bestreuen und gut 30 Minuten in einen schwach geheizten Ofen schieben.

Das Gericht sollte auf der Zunge zergehen und so saftig sein, daß Sie es mit einem Löffel essen können.

Weißer Reis, mit Sultaninen und Pinienkernen vermischt, setzt die Köstlichkeit dieser Aufbereitung ins rechte Licht.

Zubereitung der Sauce: 20 Minuten; für den Braten etwa 2 Stunden.

Portweinsauce mit Estragon
zu Kalbsleberscheiben

5 nußgroße Stück Butter, Saft ¹/₂ Zitrone, 2 EL frischer Estragon, fein gehackt, 1 EL Zwiebel, fein gehackt, 1 Likörglas Portwein, Salz, Pfeffer

Die Zwiebel und den Estragon bei schwacher Hitze in der Butter andünsten. Den Portwein und den Zitronensaft hineinrühren. Mit dem Bratensatz der Kalbsleber vermischen, abschmecken und sehr heiß servieren.

Wer keine Kalbsleber mag, den wird zumindest diese rasche Sauce mit diesem Gericht versöhnen, zu dem es ja zum Glück auch noch ein Gratin aus Maisgrieß mit Sahne und Käse gibt.

Zubereitung der Sauce: 10 Minuten; gleiche Bratzeit für die Kalbsleberscheiben.

Weinhändlersauce
zu Kalbsleber

4 nußgroße Stück Butter, 1 TL Mehl, 1 großes Glas Rotwein, 2 Schalotten, grob gehackt, 1 kleines Bouquet garni, 12 weiße Pfefferkörner, ½ Tasse Bouillon, 100 g Champignons, in Scheiben geschnitten, Saft ½ Zitrone, Salz

Den Rotwein zum Kochen bringen, die Schalotten, das Kräutersträußchen und die Pfefferkörner hineingeben und die Hitze verringern. 30 Minuten köcheln lassen. Danach durch ein Haarsieb gießen und die Flüssigkeit aufbewahren.
Bei Mittelhitze aus Butter und Mehl eine blonde Mehlschwitze zubereiten und diese mit der Weinessenz sowie der Bouillon ablöschen.
Die in Scheiben geschnittenen Champignons in 2 nußgroßen Stück Butter und dem Zitronensaft dünsten. Mit Salz würzen. Die beiden Aufbereitungen vermengen und auf kleinster Flamme warm halten.
Die Kalbsleber in dicke Würfel schneiden und rasch in heißer Butter braten. In eine Schüssel füllen und die Sauce darübergießen.
Eine köstliche Art, Kalbsleber zu servieren!
Zubereitung der Sauce: 45 Minuten.

Apfelsaftsauce
zu geschmorten Nieren

4 nußgroße Stück Butter, 2 Gläser Apfelsaft, 2 Tassen Crème fraîche, 1 große Zwiebel, fein gehackt, 1 kleines Bouquet garni, 1 Eigelb, 1 EL Calvados, Salz, Butter

Die Zwiebel in der Butter goldgelb dünsten. Den Apfelsaft und das Kräutersträußchen zufügen und das Ganze 20 Minuten bei Mittelhitze einkochen lassen.
Durch ein Haarsieb passieren und bei Mittelhitze wieder auf das Feuer stellen. Salzen und pfeffern.
Wenn die Nieren gebraten sind, ihren Bratensatz zur vorbereiteten Essenz geben. Vom Feuer nehmen und das Eigelb und die Crème fraîche einrühren. Zuletzt den Calvados hineingeben. Die Nieren mit der Sauce überziehen und sehr heiß servieren.
Zubereitung der Sauce: etwa 40 Minuten.

Kapernsauce
zu Kalbskopf

3 nußgroße Stück Butter, 1 EL Mehl, 2 Tassen Bouillon, 1 Glas trockener Weißwein, 2 Eigelb, ½ Tasse dicke Crème fraîche, ½ Tasse abgetropfte Kapern, Salz, Pfeffer

Das Mehl in die zerlassene Butter einstreuen und unter ständigem Rühren einige Sekunden durchschwitzen lassen. Mit der heißen Bouillon und dem Weißwein ablöschen. Zum Kochen bringen, 5 Minuten kochen lassen und danach salzen und pfeffern. Vom Feuer nehmen und die Eigelb, Crème fraîche sowie die Kapern hinzufügen.
Die Kalbskopfstücke mit einem Teil der Sauce bedecken und die restliche Sauce getrennt in einer Saucière servieren.
Zubereitung der Sauce: 10 Minuten.

Der Schöpfer, der den
Menschen zum Essen zwingt,
um zu leben, lädt ihn dazu
durch den Appetit ein und
belohnt ihn dafür mit dem
Vergnügen.

Brillat-Savarin

Salbeisauce
zu Schweinebraten oder Schweinekoteletts, Ente

*2 Tassen Bouillon, 1/2 Tasse grüner Salbei, gehackt,
3 Schalotten, fein gehackt, 3 EL Weinessig, 1 EL
Puderzucker, Salz, Pfeffer*

Den Salbei in die siedende Bouillon geben und 10 Minuten ziehen lassen. Die Hitze verringern, die Schalotten, den Essig, den Puderzucker, Salz und Pfeffer hinzufügen, 15 Minuten köcheln lassen und anschließend durch ein Haarsieb streichen. Die Salbeiessenz mit dem Bratensaft und dem beim Aufschneiden des Schweinebratens (oder der Ente) ausgetretenen Saft vermengen. Die Fleischstücke gefällig auf einer Platte anrichten und mit der Sauce begießen. Ein Teil der Sauce kann auch in einer vorgewärmten Saucière aufgetragen werden.

Während das Fleisch brät, bereite ich die Beilage zu: Gratin dauphinois.

Zubereitung der Sauce: 30 Minuten.

Tomaten-Zwiebel-Sauce
zu Schweinebraten oder Schweinekoteletts

4 nußgroße Stück Butter, 2 EL Olivenöl, 3 Tassen Zwiebeln, in feine Scheiben geschnitten, 4 Tomaten, enthäutet und entkernt, 2 Knoblauchzehen, fein gehackt, 1 EL Essig, 1 Tasse Crème fraîche, Salz, Pfeffer

In Butter und Olivenöl die Tomaten, die in feine Scheiben geschnittenen Zwiebeln und den Knoblauch bei starker Hitze weich dünsten. Mit Salz und Pfeffer würzen und den Essig zugeben.
Das Ganze mit dem Bratensaft des Schweinebratens vermengen und mit der Crème fraîche abrunden.
Die Fleischscheiben reichlich mit Sauce überziehen und sehr heiß servieren.
Gerngesehene Beilage zum Schweinebraten ist ein mit Sahne aufgeschlagenes Kartoffelpüree oder ein ungezuckertes Püree aus würzigen Äpfeln wie Cox-Orange.
Zubereitung der Sauce: 20 Minuten, wenn die Tomaten schön reif sind.

Holländische Sauce (Hollandaise)
zu Gemüse, Fleisch, Eiern, Fisch, Schal- und Krustentieren

200 g Butter, in Stückchen zerteilt, 4 Eigelb, Saft 1 Zitrone, Salz, Pfeffer

In einer kleinen Kasserolle im Wasserbad die Hälfte der Butter und des Zitronensaftes sowie die vier Eigelb mit einem Schneebesen aufschlagen. Die Sauce unter ständigem Rühren mit einem Holzlöffel cremig werden lassen.
Restliche Butter und Zitronensaft zufügen. Wenn die Sauce die gewünschte Konsistenz hat, mit Salz und Pfeffer würzen.
Bis zum Servieren die Sauce stets im Wasserbad warm halten; dabei nicht mehr umrühren.
Hollandaise muß in einer mit heißem Wasser ausgespülten Saucière serviert werden.
Zubereitung der Sauce: ganze 15 Minuten!

Whiskysauce
zu geschmortem Schinken, gegrillten Scampi

100 g Butter, 3 Schalotten, fein gehackt, 1 EL Petersilie, fein gehackt, ½ Glas Whisky, 1 TL Zitronensaft, 2 Tassen saure Sahne, Salz, Pfeffer

Die Schalotten einige Sekunden in der zerlassenen Butter dünsten. Salzen und pfeffern. Den Whisky zugießen, kurz erhitzen; vom Feuer nehmen, dann den Zitronensaft, die saure Sahne und die Petersilie hinzugeben.
Auf kleinster Flamme warm halten.
Schinkenscheiben werden mit der Sauce überzogen; zu gegrillten Scampi reicht man sie in einer Saucière.
Wunderbare Beilage: Butterreis.
Zubereitung der Sauce: 15 Minuten.

Trüffelsauce mit Madeira
zu geschmortem Schinken, Rinderfilet

1 Tasse entfettete Kalbsjus, 2 Gläser Madeira, 2 schöne Trüffeln, in Scheiben geschnitten, 2 Likörgläser Fine Champagne oder sehr guter Weinbrand, 1 Scheibe Gänseleber, nach Belieben, 400 g Butter, in Stückchen zerteilt, Salz, Pfeffer

Die Kalbsjus und ein Glas Madeira einen kurzen Moment kochen lassen. Den Fine Champagne, Salz und Pfeffer dazugeben, die Hitze herunterschalten und unter ständigem Schlagen mit einem Schneebesen nach und nach die Butterstückchen einarbeiten. Die Sauce darf nicht mehr kochen.

Vor dem Servieren die Gänseleber in der Sauce zergehen lassen und die in Scheiben geschnittenen, in einem Glas Madeira gedünsteten Trüffeln hineingeben.

Abschmecken und sofort servieren, da die Tischgäste schon mit Ungeduld auf diese exquisite Köstlichkeit warten.

Anmerkung: Kalbsjus können Sie mit folgenden Zutaten herstellen: 1 Kalbshaxe, 1 Stück Räucherspeck, Butter, 2 Zwiebeln, 2 Karotten und 2 weiße Rübchen. Alles zusammen in der Butter anbraten, mit Wasser bedecken und bei Mittelhitze zugedeckt 2 Stunden köcheln lassen. Durch ein Haarsieb passieren. Die Menge der Jus sollte nicht mehr als 1 Tasse betragen.

Zu diesem Gericht reicht man sehr oft Blattspinat, mit einer Knoblauchzehe und einem Schuß Essig gedünstet.

Zubereitung der Sauce: 20 Minuten, wenn die Jus bereits fertig ist.

> Das Leben ist ein Gericht, das erst durch die Sauce angenehm wird.
>
> *Victor Hugo*

Béarner Sauce (Béarnaise)
zu zahlreichen Gerichten

200 g Butter, in Stückchen zerteilt, 4 Eigelb, 1 Bouquet garni, ½ Tasse Estragonessig, 1 TL Petersilie, fein gehackt, 1 TL Kerbel, fein gehackt, 1 TL Estragon, fein gehackt, 2 Schalotten, grob gehackt, 1 Msp Cayennepfeffer, Salz

Den Essig zusammen mit den Schalotten und dem Kräutersträußchen bei starker Hitze zur Hälfte einkochen. Mit Salz würzen. Durch ein Haarsieb gießen und wieder auf das Feuer stellen. Bei schwacher Hitze unter ständigem Rühren mit einem Holzlöffel nach und nach die Butterstückchen sowie die Eigelb einarbeiten. Während die Sauce eine cremige Konsistenz annimmt, zweimal einen TL lauwarmes Wasser dazugeben.

Die Petersilie, den Kerbel und den Estragon hineinstreuen, den Cayennepfeffer zufügen, gut vermischen und bis zum Servieren im Wasserbad warm halten.

Anmerkung: Damit die Sauce sicher gelingt, empfiehlt es sich, sie im Wasserbad zuzubereiten, sobald die Eigelb hinzukommen.

Zubereitung der Sauce: etwa 30 Minuten.

Tomatensauce aus frischen Tomaten
zu Teigwaren, Eiern, Gemüse, Fleisch

6 reife Tomaten, 2 EL Olivenöl, 1 Knoblauchzehe, 1 Zweig Thymian, 6 weiße Pfefferkörner, 1 Stück Würfelzucker, 1 nußgroßes Stück Butter, 1 EL Mehl, Salz

Die Tomaten in kochendes Wasser tauchen, damit sich ihre Haut leichter abziehen läßt. Entkernen und die Stielansätze herausschneiden. Die Tomaten zu dem in einer Kasserolle zusammen mit der zerdrückten Knoblauchzehe, dem Thymian und den Pfefferkörnern erhitzten Olivenöl geben. Zum Kochen bringen und den Würfelzucker zufügen. Zugedeckt gut 30 Minuten köcheln lassen. Das Ganze bitte nicht einkochen; gegebenenfalls etwas Öl nachgießen. Die Tomatenmasse durch ein Haarsieb streichen.

Die Butter und das Mehl verkneten.

Die durchpassierten Tomaten wieder in eine Kasserolle geben, auf das Feuer stellen und unter kräftigem Rühren stückchenweise die Beurre manié dazufügen. Abschmekken.

Natürlich gibt es im Handel alle möglichen Sorten schmackhafter Tomatensaucen, aber diese hier steht besagten Produkten in nichts nach, und: Die Tomaten aus Ihrem Garten finden so ein ruhmvolles Ende!

Zubereitung der Sauce: 30 Minuten.

Liebesapfelsauce
zu gegrilltem rotem Fleisch

6 Schalotten, gehackt, 1 EL Petersilie, fein gehackt, 2 reife Tomaten, enthäutet, entkernt und gehackt, 2 nußgroße Stück Butter, 1 EL Fleischsaft, Saft 1 Zitrone, Salz, Pfeffer

Auf eine schwach geheizte Wärmeplatte eine Schüssel stellen, in der die Butter mit den gehackten Tomaten, den Schalotten und der Petersilie verarbeitet wird. Mit dem Zitronensaft anfeuchten und mit Salz und Pfeffer würzen. Den Fleischsaft dazugießen und alles mit einer Gabel vermengen.

Die Schüssel, in der die Sauce zubereitet wird, sollte nur schwach gewärmt sein, damit diese nicht zu flüssig wird. Das ist sehr wichtig.

Zu gegrilltem Fleisch einmal etwas anderes als die übliche Kräuterbutter.

Zubereitung der Sauce: im Handumdrehen.

Grüne Pfeffersauce mit Gänseleber
zu gegrillten Steaks oder gebratener Ente

5 nußgroße Stück Butter, 1 EL Senf mit grünem Pfeffer, 1 TL grüner Pfeffer, 1 Scheibe Gänseleber, mit einer Gabel zerdrückt, 1 Zwiebel, fein gehackt, 1 Tasse Crème fraîche, Salz

Die Zwiebel in der Butter hellgelb dünsten. Den Senf, den grünen Pfeffer, die Crème fraîche und das Salz zufügen. Die Gänseleber in der Sauce zergehen lassen. Unter vorsichtigem Rühren erwärmen, aber nicht kochen lassen. Die nach Geschmack gegrillten Steaks mit der Sauce nappieren. Wird diese Aufbereitung zu gebratener Ente gereicht, so vermischt man den Bratensaft mit der Sauce und überzieht damit die Aiguillettes.

Dazu eine Gemüseplatte – sehr erfrischend.

Zubereitung der Sauce: nur 10 Minuten.

> Die Sauce ist der Triumph des Geschmacks in der Kochkunst.
>
> *Balzac*

Estragonsauce
zu Rinderfilet, Rumpsteak, Rinderrippenscheibe

100 g Butter, 1 TL Petersilie, fein gehackt, 2 EL Estragon, fein gehackt, 1 TL Kerbel, fein gehackt, 1 TL Thymian, 2 Schalotten, fein gehackt, 1 TL scharfer Senf, 1 TL Estragonsenf, Saft 1 Zitrone, Salz, Pfeffer

Sämtliche Zutaten, die Butter ausgenommen, in einer kleinen Schale vermengen. Die Butter erhitzen und die vorbereitete Mischung hineingeben. Mit einem Holzlöffel zu einer homogenen Masse rühren. Die Hitze verringern, das Ganze 10 Minuten köcheln lassen und danach den Bratensaft des Rinderfilets sowie den beim Aufschneiden ausgetretenen Fleischsaft zur Sauce geben.

Die Filetscheiben mit der Sauce überziehen und sofort servieren.

Zu diesem schmackhaften Gericht sind kleine Röstkartoffeln eine würdige Beilage.

Anmerkung eines ausgezeichneten Küchenchefs: Um schöne Rinderfiletscheiben zu bekommen, sollte man das Filet im voraus braten und in der Röhre 20 Minuten warm halten (die Ofentür dabei einen Spalt offen lassen).

Zubereitung der Sauce: 15 Minuten.

Basilikumsauce
zu gegrilltem rotem Fleisch

4 nußgroße Stück Butter, 3 Schalotten, fein gehackt, 1 Zwiebel, fein gehackt, 1 Knoblauchzehe, zerdrückt, 1 TL Petersilie, fein gehackt, 1 EL Basilikum, fein gehackt, 1 TL Thymian, 2 Salbeiblätter, in Streifchen geschnitten, 1 TL scharfer Senf, 1/2 Glas Rotwein, 2 EL Crème fraîche, Salz, Pfeffer

Die Butter erhitzen und die Schalotten, die Zwiebel und die Knoblauchzehe darin dünsten. Unter ständigem Rühren mit einem Holzlöffel den im Rotwein aufgelösten Senf und die Kräuter zufügen. Mit Salz und Pfeffer würzen.
Gut 10 Minuten bei schwacher Hitze köcheln lassen. Anschließend die Crème fraîche einrühren. Die Sauce darf nicht mehr kochen.
Eine kraftvolle Sauce für eine festliche Gelegenheit: Feinschmeckers Gaumenschmaus – gegrilltes Rinderfilet mit Basilikumsauce!
Zubereitung der Sauce: 15 Minuten.

Sardellensauce
zu gegrilltem Entrecôte

50 g Butter, 3 EL Olivenöl, 1 EL Schalotten, fein gehackt, 1 Knoblauchzehe, fein gehackt, 1 EL Petersilie, fein gehackt, 1 TL Thymian, 2 Salbeiblätter, in Streifchen geschnitten, Saft ½ Zitrone, 1 EL scharfer Senf, 6 Sardellenfilets, zu einer glatten Paste zerstoßen, Pfeffer

Im rauchheißen Olivenöl die Schalotten und den Knoblauch kurz andünsten. Die Hitze verringern und den Zitronensaft zugießen, den Senf und die Kräuter zufügen und kräftig mit Pfeffer aus der Mühle würzen.
Sacht mit einem Holzlöffel umrühren und die Sardellenpaste sowie die Butter dazugeben. Die Butter nicht zu heiß werden lassen; sie sollte gerade nur zergehen.
Das in schräge Scheiben aufgeschnittene Entrecôte mit der Sauce nappieren.
Zubereitung der Sauce: gut 10 Minuten.

Trüffelsauce mit Pistazien
zu Rinderfilet, Rinderrippenscheibe, Rumpsteak

4 nußgroße Stück Butter, 2 EL geschälte Pistazien, 2 schöne Trüffeln, in kleine Würfel geschnitten, 1 TL Petersilie, fein gewiegt, ½ Likörglas Fine Champagne, Saft ½ Zitrone, Salz, Pfeffer

Die Butter langsam schmelzen lassen und die Trüffelstückchen, die Pistazien, Petersilie, Zitronensaft, Salz und Pfeffer dazugeben. Den Fine Champagne angießen und das Ganze einige Sekunden erhitzen.

Den Bratensaft des Rinderfilets sowie den beim Aufschneiden ausgetretenen Fleischsaft zur Sauce geben. Die Fleischscheiben mit dieser feinen Essenz bedecken.

Sicherer Erfolg!

Und als Tüpfelchen auf dem i: ein lockerer Kartoffelauflauf als Beilage.

Zubereitung der Sauce: 10 Minuten. Und: viel Freude.

Pariser Sauce
zu Pot-au-feu oder gekochtem Huhn

2 Tassen Bouillon, 1 Glas Weinessig, 3 EL Olivenöl, 10 Cornichons, in Scheiben geschnitten, 1 EL Petersilie, fein gehackt, 1 EL scharfer Senf, Pfeffer

In einer Schüssel sämtliche Zutaten mit Ausnahme der Cornichons vorsichtig vermischen.
Die Reste des gekochten Rindfleischs sowie die Gemüse aus dem Pot-au-feu in Stücke schneiden. In einer feuerfesten Form abwechselnd Fleisch, Grüngemüse, Karotten und Cornichons hübsch anrichten.
Mit der Sauce bedecken und das Ganze knapp 1 Stunde in einen heißen Ofen schieben.
Ein reizvoll säuerliches Zwischengericht für ein abendliches Diner.
Zubereitung der Sauce: Lachen Sie einmal schallend – und die Sauce ist fertig!

Pikante warme Sauce
zu gekochtem Rindfleisch, Zunge, Schweinefleisch, Hammelfleisch

2 Tassen Bouillon, 4 reife Tomaten, 3 Schalotten, fein gehackt, ½ Glas Weinessig, ½ Glas trockener Weißwein, 1 EL kaltes Wasser, 1 TL Stärkemehl, 2 EL Cornichons, gehackt, 2 EL Kapern, 1 TL scharfer Senf, Salz, Pfeffer

Den Weinessig, den Weißwein und die Schalotten auf ein Viertel einkochen und kräftig mit Pfeffer bestäuben.
Das durch ein Haarsieb passierte Fruchtfleisch der Tomaten zufügen und die Bouillon angießen. Gut 15 Minuten köcheln lassen und die Sauce mit dem in kaltem Wasser aufgelösten Stärkemehl binden; gut mit dem Schneebesen verrühren.
Vor dem Servieren die Cornichons und Kapern hineingeben und den Senf unterrühren.
Zubereitung der Sauce: 25 Minuten.

Korinthensauce
zu gekochter Rinderzunge

2 Tassen kräftige Bouillon, 1 Glas Weinessig, 1 Bouquet garni, 10 weiße Pfefferkörner, 3 Nelken, 1 TL Stärkemehl, 2 EL Johannisbeergelee, ½ Tasse Korinthen

Den Essig zusammen mit dem Kräutersträußchen, den Nelken und den Pfefferkörnern zur Hälfte einkochen. Die Bouillon zugießen und mit dem Stärkemehl binden. Einige Minuten kochen lassen.
Durch ein Haarsieb streichen und auf das Feuer stellen. Bei schwacher Hitze das Johannisbeergelee hineinrühren und die zuvor eingeweichten und abgetropften Korinthen hinzufügen. Diese Sauce in einer Saucière servieren.
Empfehlung eines großen Küchenchefs: Wenn die Rinderzunge stark gesalzen ist, das Kochwasser mehrmals wechseln.
Zubereitung der Sauce: 20 Minuten.

Pfefferminzsauce
zu gekochter Hammelkeule

1½ l trockener Weißwein, 1 Tasse frische Pfefferminzblätter, 1 TL abgeriebene Orangenschale, 10 Pfefferkörner, 1 nußgroßes Stück Butter, 1 TL Mehl, Salz

Die Pfefferminzblätter, die Orangenschale und die Pfefferkörner in den Weißwein geben und alles zur Hälfte einkochen. In einer Kasserolle das Mehl in der Butter anschwitzen und die Pfefferminzessenz damit binden. Die Sauce durch ein Haarsieb streichen, abschmecken und für einen Augenblick auf das Feuer stellen.

In einer Saucière servieren.

Zubereitung der Sauce: 30 Minuten.

Frühlingszwiebelsauce
zu Lammkeule oder -schulter

5 nußgroße Stück Butter, 2 Bund Frühlingszwiebeln, 3 Knoblauchzehen, grob gehackt, 1 EL Cognac, Salz, Pfeffer

Die Frühlingszwiebeln zusammen mit dem Knoblauch, Salz und Pfeffer sorgfältig in der Butter dünsten. Das ist alles!
Die nach Ihrem Geschmack gebratene Lammkeule in dünne Scheiben schneiden und diese auf einer Platte anrichten.
Den Bratensatz mit dem Cognac ablöschen und zusammen mit dem beim Aufschneiden der Lammkeule ausgetretenen Fleischsaft in die Sauce geben.
Die Fleischscheiben, die Sie in der Zwischenzeit natürlich warm gehalten haben, mit der Sauce überziehen.
Zu diesem Gericht kann ein Gratin aus weißen Rübchen und Sahne gereicht werden, eine gelungene Kombination!
Zubereitung der Sauce: die Zeit, die Sie zum Braten der Lammkeule benötigen.

Currysauce
zu gekochtem Huhn

3 nußgroße Stück Butter, 2 Tassen Bouillon, 1 EL Mehl, 1 Eigelb, 1 TL Zitronensaft, 1 Zwiebel, fein gehackt, 1 geriebener Apfel, 1 Selleriezweig, fein geschnitten, 1 EL Curry, 1 Tasse Crème fraîche, Salz, 1 Msp Cayennepfeffer

Die Zwiebel in der zerlassenen Butter glasig dünsten. Den geriebenen Apfel und den Sellerie zufügen, das Mehl und den Curry einstreuen und unter Rühren vorsichtig die Bouillon angießen. Mit Salz und Cayennepfeffer würzen.

Die Sauce bei Mittelhitze 10 Minuten köcheln lassen. Anschließend durch ein Haarsieb streichen und wieder auf das Feuer stellen. Sanft köcheln lassen. Mit dem Eigelb liieren, den Zitronensaft und die Crème fraîche einrühren.

Das in Portionsstücke zerteilte Huhn mit der Sauce nappieren. Dazu gibt es, ganz einfach, Reis mit Butter im Ofen überkrustet. Dadurch kommt der exotische Geschmack dieser Sauce voll zur Geltung.

Zubereitung der Sauce: 30 Minuten.

Kressesauce
zu gekochtem Geflügel, gekochter Lamm- oder Hammelkeule

1 Tasse frische Brunnenkresseblätter, 1 EL Kerbel, fein gehackt, 1 EL Schnittlauch, fein gehackt, 1 kleiner Stiel Stangensellerie, in kleine Würfel geschnitten, 2 frische Pfefferminzblätter, 1 Tasse kochendes Wasser, 3 nußgroße Stück Butter, 1 EL Mehl, 1 Tasse Bouillon, 1/2 Glas trockener Weißwein, Salz, Pfeffer aus der Mühle

Kresse, Kerbel, Schnittlauch, Sellerie und Minze in eine Schüssel geben und das kochende Wasser darübergießen. Zugedeckt 1 Stunde ziehen lassen.
2 nußgroße Stück Butter in einer kleinen Kasserolle schmelzen, das Mehl einrühren und die Bouillon sowie den Weißwein angießen. Einige Minuten köcheln lassen und die Kresseessenz und das letzte Stückchen Butter hinzufügen.
Gut vermischen und diese gehaltvolle Sauce sehr heiß servieren.
Dieses Gericht mit einem kräftig gepfefferten Erbsenpüree auf den Tisch bringen.
Zubereitung der Sauce: 1 Stunde 30 Minuten.

> England hat drei Saucen und dreihundertsechzig Religionen; Frankreich hat drei Religionen und dreihundertsechzig Saucen.
>
> *Talleyrand*

Traubensaftsauce mit Walnüssen
zu Fasan, Perlhuhn, Knäkente

3 nußgroße Stück Butter, 20 frische Walnüsse, ohne Schale im Mixer zerkleinert, 1 kg Muskatellertrauben, 4 Orangen, geschält und in Viertel zerteilt, 2 Gläser Banyuls (alkoholreicher Likörwein), 1 TL grüner Tee, 4 Prisen geriebene Muskatnuß, Salz, Pfeffer aus der Mühle

Die Trauben auspressen und den Saft in einer kleinen Kasserolle erhitzen. Den Banyuls und die grünen Teeblätter hineingeben, 15 Minuten kochen und 15 Minuten ziehen lassen.

Durch ein Haarsieb passieren und wieder auf das Feuer stellen. Die Orangenviertel, die Walnüsse, Butter, Salz, Pfeffer und Muskatnuß hinzufügen und das Ganze 15 Minuten bei Mittelhitze köcheln lassen. Die Sauce mit ein wenig Kartoffelmehl andicken, wenn sie zu dünnflüssig erscheint.

Das fertige Geflügel in Portionsstücke zerteilen und den Bratensaft sowie den beim Zerteilen ausgetretenen Fleischsaft in die Sauce geben.

Die auf einer vorgewärmten Platte angerichteten Geflügelteile reichlich mit der Sauce begießen.

Zubereitung der Sauce: 45 Minuten, in denen Sie sich aber mit der Zubereitung der Beilagen beschäftigen können.

Orangensauce
zu junger Ente

1 rohe Entenleber, 3 Orangen, ¹/₂ Tasse Orangenschale, ¹/₂ Glas Curaçao, Salz, Pfeffer aus der Mühle

Die Ente mit einer geschälten Orange füllen und sie nach der von Ihnen bevorzugten Methode braten.

Die Orangenschale blanchieren und auf einer Serviette gut abtropfen lassen. Anschließend mit der rohen Entenleber zusammen zu einer Paste verarbeiten, die mit dem Saft einer Orange und dem Curaçao begossen wird. Mit Salz und Pfeffer würzen. Wenn die Ente gebraten ist, die Orange herausnehmen. Die Ente zerteilen, die Entenbrust in Aiguillettes schneiden und alles zusammen auf einer sehr heißen Platte anrichten. Die letzte Orange in Spalten zerteilen und das Entenfleisch damit garnieren.

Auf kleiner Flamme den Bratensaft mit der Sauce vermengen und das Fleisch damit überziehen. Die restliche Sauce in einer Saucière auftragen.

Zubereitung der Sauce: die Zeit, die Sie zur Vorbereitung der Orangen benötigen.

Chambertinsauce
zu Geflügel, Federwild, Ente

100 g Geflügelabfälle und -innereien (Hahnenkamm, Magen, Leber, Krallen), 4 nußgroße Stück Butter, 1 Karotte, in Scheiben geschnitten, 1 mittelgroße Zwiebel, grob gehackt, 1 Bouquet garni, 1 Flasche Chambertin (roter Burgunder), 1/2 Tasse Entenblut, 5 Prisen geriebene Muskatnuß, Salz, Pfeffer aus der Mühle

In der Butter die Karotte, die Zwiebel, das Kräutersträußchen und die Geflügelabfälle und -innereien anrösten. Sobald alles schön goldgelb ist, den Chambertin angießen, mit Muskat, Salz und Pfeffer würzen und bei starker Hitze etwa zur Hälfte einkochen.
Den Appareil durch ein Haarsieb passieren und mit dem Bratensaft des Geflügels vermischen.
Wenn die Sauce nicht dick genug erscheint, mit in wenig Wasser aufgelöstem Kartoffelmehl andicken.
Abseits vom Feuer unter kräftigem Rühren das Entenblut zugießen. Es verleiht der Sauce Samtigkeit und eine schöne rubinrote Farbe.
Das Geflügel in Portionsstücke zerteilen, die Brust in Aiguillettes schneiden und auf einer sehr heißen Platte anrichten. Das Geflügel mit der Hälfte der Sauce nappieren und die restliche Sauce in einer Saucière auftragen.
Ein zu diesem Gericht serviertes Selleriepüree ist von subtiler Raffinesse.
Zubereitung der Sauce: 45 Minuten.

Essigsauce
zu Brathähnchen

3 EL Olivenöl, 2 nußgroße Stück Butter, 3 ganze, ungeschälte Knoblauchzehen, 5 Tomaten, enthäutet, entkernt und in grobe Stücke zerschnitten, 1 Glas Weinessig, 1 Glas trockener Weißwein, 1 Tasse Crème fraîche, 1 TL scharfer Senf, ½ TL Paprika, Salz, Pfeffer aus der Mühle

Die Tomaten und die Knoblauchzehen in Olivenöl und in Butter weich dünsten. Den Essig und den Weißwein zugeben.
In einer Schüssel den Senf mit der Crème fraîche, Paprika, Salz und Pfeffer verrühren. Diese Mischung bei Mittelhitze unter die erste Aufbereitung rühren. Die Knoblauchzehen entfernen.
Den Bratensaft des Hähnchens zur Sauce geben. Das Hähnchen auf einer vorgewärmten Platte anrichten und gut mit Sauce überziehen. Während Sie das Vorgericht auftragen und verspeisen, kann das Hähnchen bei sehr schwacher Hitze in der Röhre warm gehalten werden.
Zu diesem Gericht gehört unbedingt weißer Reis.
Anmerkung: Der Geschmack der ungeschälten Knoblauchzehen unterscheidet sich völlig von dem des geschälten Knoblauchs.
Zubereitung der Sauce: 15 Minuten.

Krebsbuttersauce
zu gebratener Poularde

1 Tasse Bouillon, ½ Tasse Tomatenmark, 150 g Krebsbutter, in Stückchen zerteilt, 1 EL Weinessig, 1 TL Estragon, fein gehackt, 1 TL Schalotten, fein gehackt, Salz, Pfeffer aus der Mühle

In einer Kasserolle das mit der Bouillon verrührte Tomatenmark aufkochen. Vom Feuer nehmen und mit einem Schneebesen stückchenweise die Krebsbutter unterschlagen.

Sobald die Sauce die gewünschte Konsistenz angenommen hat, den Essig zufügen, Estragon und Schalotten hineinstreuen und mit Salz und Pfeffer würzen. Nach Belieben vielleicht auch etwas Crème fraîche dazugeben.

Hausgemachte Nudeln, ›al dente‹ gekocht, unterstreichen den Geschmack dieser köstlichen Sauce.

Zubereitung der Sauce: 20 Minuten

Soubisesauce
zu Geflügel, Ente, Eiern

¹/₂ l Béchamel, 4 nußgroße Stück Butter, ¹/₂ kg Zwiebeln, in dicke Scheiben geschnitten, ¹/₂ Tasse Crème fraîche, 1 TL Puderzucker, 4 Prisen geriebene Muskatnuß, Salz, Pfeffer aus der Mühle

In einer Kasserolle die in Scheiben geschnittenen Zwiebeln in der Butter dämpfen. Mit Puderzucker und Salz bestreuen. In eine feuerfeste Form umfüllen und gut 1 Stunde in einen vorgeheizten Ofen (Mittelhitze) schieben. Die Zwiebeln anschließend durch ein Haarsieb passieren; dabei gut zerdrücken. Das Zwiebelmus zur heißen Béchamel geben. Der Reihe nach Pfeffer, Muskat, Crème fraîche und den Bratensaft des Geflügels in die Sauce rühren. Abschmecken und, falls nötig, nachwürzen.

Das Geflügel mit dieser ausdrucksvollen Sauce nappieren. Die restliche Sauce wird in einer Saucière gereicht. Sie kann auch zum Überziehen von weich- oder hartgekochten Eiern sowie zu gratinierten Eierspeisen genommen werden.

Zubereitung der Sauce: 1 Stunde 30 Minuten.

Rotweinsauce
zu Hähnchen, pochierten Eiern

2 Schalotten, fein gehackt, 1 mittlere Zwiebel, fein gehackt, 1 TL Thymian, 1 TL Petersilie, fein gehackt, 1 Lorbeerblatt, 5 Gläser Rotwein, 1 TL Mehl, 3 nußgroße Stück Butter, Salz, Pfeffer aus der Mühle

Den Rotwein zusammen mit der Zwiebel, den Schalotten, Kräutern, Salz und Pfeffer zur Hälfte einkochen.
In einer kleinen Kasserolle aus der Butter und dem Mehl eine hellbraune Mehlschwitze herstellen. Mit der reduzierten, durchgesiebten Flüssigkeit ablöschen und unter ständigem Rühren einige Minuten bei schwacher Hitze köcheln lassen. Die auf einer vorgewärmten Platte gefällig angerichteten Hähnchenteile oder die pochierten Eier damit bedecken.
Eine klassische, aber exzellente Sauce.
Zubereitung der Sauce: 20 Minuten.

Portweinsauce
zu Ente, Federwild oder geschmortem Schinken

1 EL Schalotten, fein gehackt, 1 TL Thymian, Saft von 2 Orangen, 1 TL Orangenschale, Saft ½ Zitrone, 2 Gläser Portwein, 1 TL Stärkemehl, Salz, 1 Msp Cayennepfeffer

Den Portwein zusammen mit den Schalotten und dem Thymian bei starker Hitze zur Hälfte einkochen. Den Orangen- und Zitronensaft sowie die Orangenschale dazugeben. Die Flüssigkeit mit dem Stärkemehl binden und warm halten. Mit Salz und Cayennepfeffer würzen.
Den Bratensaft der Ente zur Sauce geben. Ententeile und Aiguillettes auf einer vorgewärmten Platte anrichten und mit der Sauce überziehen. Die restliche Sauce in einer Saucière auftragen.
Anmerkung: Möchte man die Sauce zu Wildbret reichen, so kann man 2 EL Johannisbeergelee hineinrühren.
Zubereitung der Sauce: 15 Minuten.

Sauerkirschsauce
zu Wildente, Wachtel, Haselhuhn

1 Glas weißer Wermut, 1 EL Cognac, 1 EL Orangenschale, 2 TL Johannisbeergelee, 40 entsteinte Sauerkirschen

Die entsteinten Sauerkirschen in Wermut und Cognac dünsten.
Die Orangenschale in die Kasserolle geben.
Vom Feuer nehmen und das Johannisbeergelee hineinrühren. Scheint die Aufbereitung zu süßlich, einige Tropfen Zitronensaft dazugeben; ist sie andererseits zu säuerlich, ein Stück Würfelzucker darin auflösen.
Den entfetteten Bratensaft der Ente zur Sauce geben und diese über die auf einer sehr heißen Platte angerichteten Ententeile und Aiguillettes gießen.
Zubereitung der Sauce: 15 Minuten.

Sauternessauce
zu Waldschnepfen und Sumpfschnepfen

2 Tassen Bouillon, 2 Gläser Sauternes, 2 Petersilienzweige, 1 Lorbeerblatt, 1 Zweig Thymian, 1 kleine Scheibe Gänseleber, Salz

Die Bouillon und den Sauternes zusammen mit den Kräutern bei schwacher Hitze zur Hälfte einkochen. Mit Salz würzen.

Den Bratensatz in der Pfanne, in der die nicht ausgenommenen Schnepfen 15 Minuten gebraten worden sind, deglasieren. Mit der durch ein Haarsieb passierten Aufbereitung vermischen und die Gänseleber darin zergehen lassen.

Diese Sauce vorzugsweise in einer Saucière servieren.

Zubereitung der Sauce: 20 Minuten.

Wenn das, was du ißt, dich
nicht berauscht, heißt das,
daß du nicht genug Hunger
gehabt hast.
André Gide »Uns nährt die
Erde«

Quittensauce
zu Wachteln, Amseln und kleinen Vögeln

2 frische Quitten, 1 Tasse Bouillon, 1/2 Tasse Quittengelee, 1 TL Calvados, 1 Wachtel, Salz, Pfeffer aus der Mühle

Die Wachteln mit den Schalen der beiden Quitten umhüllen und 2 Stunden kühl stellen.
Nachdem sie gebraten worden sind, den Bratensatz in der Pfanne mit der Bouillon ablöschen; nicht zu sehr reduzieren. Den Bratensatz zusammen mit dem Quittengelee, dem Calvados, Salz und Pfeffer sowie der kleinen Wachtel in einen Mixer geben.
Welche Kühnheit!
Das erhaltene Püree durch ein Haarsieb passieren, erhitzen und diese Delikatesse in einer Saucière servieren.
Zubereitung der Sauce: 15 Minuten.

Rote Bordeauxsauce
zu Frischlingskeule, Hammelkeule

1 Flasche Bordeaux, 1 EL Fine Champagne, 3 ganze, geschälte Knoblauchzehen, 10 ganze Schalotten, 1 Scheibe Bayonner Schinken, 1 cm dick und in kleine Würfel geschnitten, 1 Bouquet garni, 2 EL Frischlingsblut, 10 weiße Pfefferkörner

Den Rotwein zusammen mit den Knoblauchzehen, Schalotten, Schinkenwürfelchen, Kräutersträußchen und Pfefferkörnern bei schwacher Hitze zum Kochen bringen. Gut 3 Stunden bei halbgeöffneter Kasserolle reduzieren. Das ist alles!
Den Appareil durch die feine Scheibe einer Gemüsemühle passieren und das glatte Püree mit dem Fine Champagne und dem Frischlingsblut vermischen. Abschmecken und gegebenenfalls nachwürzen.
Ein Wunder an Geschmack – und natürlich an Geduld, aber der Mühe wert.
Zubereitung der Sauce: 3 Stunden und ein paar Minuten.

Wildbretsauce
zu Haselhühnern, Wildschweinfilets, mariniertem Rehbraten

100 g Butter, 1 TL Mehl, ½ l Marinade, 2 EL Johannisbeer- oder Preiselbeergelee, 200 g Geflügelabfälle (Gerippe, Magen, Hahnenkämme etc.), 1 EL Meerrettich

50 g Butter mit dem Mehl verkneten und mit der Marinade vermengen. Die Geflügelabfälle dazugeben und das Ganze 1 Stunde bei Mittelhitze reduzieren. Abschäumen und die Aufbereitung durch ein Haarsieb passieren. Wieder auf das Feuer stellen. Nun ist es gewiß an der Zeit, die Filets aufzuschneiden und warm zu halten. Die restliche Butter in kleinen Stückchen unter die Sauce schlagen und den Bratensaft, das Gelee nach Wahl und den Meerrettich hineinrühren.

Die Sauce in einer sehr heißen Saucière servieren.

Als Garnierung ist ein Kastanienpüree mit Sahne unerläßlich, ebenso hausgemachte, in Butter geschwenkte Nudeln – erst dann ist das Gaumenvergnügen vollkommen.

Zubereitung der Sauce: ein bißchen mehr als 1 Stunde.

Speckscheibensauce
zu Hasen- oder Kaninchenbraten

200 g Speckscheiben, 1 Hasen- oder Kaninchenleber, 2 Knoblauchzehen, 1 Schalotte, fein gehackt, 2 Gläser trockener Weißwein, ½ Glas Essig, Salz, Pfeffer aus der Mühle, Mehl

Die mit Mehl bestäubten Speckscheiben in einer Kasserolle auslassen. Den Knoblauch und die Schalotte dazugeben, den Weißwein angießen und mit Salz und Pfeffer würzen.
Die Leber grillen, mit einer Gabel zerdrücken und mit dem Essig verrühren. Zur ersten Aufbereitung in die Kasserolle geben.
Den Hasen- oder Kaninchenbraten aufschneiden und den entfetteten Bratensatz in die durch ein Haarsieb passierte Sauce geben.
Diese Sauce sollte einen leicht aggressiven Geschmack haben. Die auf einer sehr heißen Platte hübsch angerichteten Fleischscheiben damit überziehen.
Als Beilage ein sahniges Karottenpüree servieren.
Zubereitung der Sauce: 20 Minuten.

Wilde Sauce
zu Hase am Spieß

2 EL scharfer Senf, 1 TL Thymian, 1 TL Rosmarin, 1 Schalotte, fein gehackt, 2 EL Weinessig, 1½ Tassen saure Sahne, 4 zerstoßene Wacholderbeeren, Salz, Pfeffer aus der Mühle

In einer Pfanne die Schalotte ohne Fettzugabe dünsten und anschließend mit dem Essig ablöschen. Thymian, Rosmarin, Wacholderbeeren und die mit dem Senf vermischte saure Sauce dazugeben.
Bei starker Hitze kurz einkochen und danach durch ein Haarsieb passieren. Mit Salz und Pfeffer würzen.
Wenn der Hase gebraten ist, den Bratensatz unter die Sauce mischen und diese in einer Saucière servieren.
Anmerkung: Den Hasen rundherum mit Olivenöl einreiben und mit Senf bestreichen. In die Bauchhöhle ein wenig Thymian, Rosmarin, Wacholder, Salz und Pfeffer geben. Etwa 35 Minuten am Spieß braten.
Zubereitung der Sauce: 15 Minuten

Sauce auf alte Art
zu jungem Kaninchen, jungem Hasen, Zicklein

½ Flasche Burgunder, 1 TL Puderzucker, 1 Msp Cayennepfeffer, 4 Nelken, 1 TL Limonenschale, 1 Msp Curry, 4 Prisen geriebene Muskatnuß, 1 Tasse Hasenblut, Salz

Den Burgunder zusammen mit den übrigen Zutaten, das Hasenblut ausgenommen, bei Mittelhitze etwa zur Hälfte einkochen. Durch ein Haarsieb streichen, nochmals ein wenig einkochen und den entfetteten Bratensatz dazugeben.
Die Sauce mit dem Hasenblut binden. Wenn sie Ihnen nicht sämig genug erscheint, dicken Sie die Sauce mit etwas in einem EL Wasser aufgelösten Kartoffelmehl an.
Die Hasenstücke auf einer sehr heißen Platte anrichten und mit der Sauce nappieren.
Zubereitung der Sauce: 40 Minuten.

Hollandaise mit Kapern
zu Fisch, Eiern, Spargel

2 Tassen Rindfleischbouillon, 2 EL Weinessig, 5 Eigelb, 200 g Butter, in Stückchen zerteilt, ¹/₂ Tasse abgetropfte Kapern, Salz, Pfeffer aus der Mühle

Die Bouillon zusammen mit 1 EL Essig zum Kochen bringen. Die Hitze verringern und die Eigelb einarbeiten. Stückchenweise die Butter und, falls nötig, ein wenig Wasser zugeben und dabei kräftig mit dem Schneebesen rühren. Mit Salz und Pfeffer würzen.
Löffelweise die Kapern untermengen. Vorsichtig umrühren und die Hollandaise in einer mit heißem Wasser ausgespülten Saucière servieren.
Zubereitung der Sauce: 15 Minuten.

Champagnersauce
zu pochierten Seezungenfilets, Merlan etc.

4 nußgroße Stück Butter, 4 Schalotten, fein gehackt, 1/2 Flasche Champagner, 1 TL Mehl, 1 Tasse Crème fraîche, 1 TL Senf, Salz, Pfeffer aus der Mühle

Den Champagner zusammen mit den Schalotten in einer kleinen Kasserolle bei Mittelhitze zur Hälfte einkochen.
In einer anderen Kasserolle aus Butter und Mehl eine weiße Schwitze herstellen und unter ständigem Rühren mit dem reduzierten Champagner ablöschen. Mit Salz und Pfeffer würzen. Die Sauce durch ein Haarsieb streichen und vor dem Servieren die mit dem Senf verrührte Crème fraîche hineinrühren. Auf kleinster Flamme warm halten.
Die auf einer Serviette gut abgetropften Seezungenfilets auf einer Platte anrichten und mit der Sauce nappieren.
Mit weißem Reis zusammen wird diese säuerliche Sauce zu einem vergnüglichen Gaumenerlebnis – sogar dem Unentschlossensten macht sie Appetit!
Zubereitung der Sauce: knapp 20 Minuten.

Sauce Traboule
zu Fischklößchen

2 nußgroße Stück Butter, ½ l Béchamel, 1 Tasse Crème fraîche, 1 Likörglas Portwein, 1 Tasse Garnelen, geschält, 1 Tasse rohe Champignons, in Scheiben geschnitten, 1 TL scharfer Senf

Die in Scheiben geschnittenen Champignons in der Butter dünsten. Den Senf mit dem Portwein verrühren.
Auf kleiner Flamme die Champignons sowie den Senf und den Portwein in die heiße Béchamel rühren, die Crème fraîche untermengen und die geschälten Garnelen dazugeben.
Die gedünsteten Fischklößchen mit der Sauce überziehen und einige Sekunden in einem sehr heißen Ofen Farbe nehmen lassen.
Zubereitung der Sauce: 30 Minuten.

Buttersauce
zu Kabeljau

300 g Butter, ¹/₂ Tasse Crème fraîche, 1 TL Zitronensaft, Salz, Pfeffer aus der Mühle

Die Butter bei sehr schwacher Hitze zergehen lassen. Mit Salz und Pfeffer würzen. Mit einem Schneebesen die Crème fraîche und den Zitronensaft unterrühren.

Ein Gemisch aus gehackten Kräutern verleiht dieser Buttersauce, die ausschließlich in einer Saucière serviert wird, eine persönliche Note.

Zubereitung der Sauce: 10 Minuten

Weiße Buttersauce
zu Forelle, Hecht, Barsch, Zander

*300 g Butter, in Stückchen zerteilt, 1 Glas Weinessig,
1 EL Schalotten, fein gehackt, Salz*

Den Essig zusammen mit den Schalotten vollständig reduzieren. Vom Feuer nehmen und unter ständigem Schlagen mit einem Schneebesen stückchenweise die Butter einarbeiten. Dabei von Zeit zu Zeit für einen Augenblick auf das Feuer stellen, damit die Butter nicht zu sehr abkühlt.
Wenn die Butter vollkommen geschmolzen ist, die Sauce so lange rühren, bis sich ein weißer Schaum an der Oberfläche bildet. Salzen und die Sauce in einer mit kochendem Wasser ausgespülten Saucière servieren.
Die Sauce darf auf keinen Fall kochen.
Zubereitung der Sauce: 15 Minuten.

> Der Tisch, sagt ein altes griechisches Sprichwort, ist der Vermittler der Freundschaft.
>
> *Joseph de Maistre*

Nantuasauce
zu Fischklößchen, Vol-au-vent, gedünstetem Fisch, Timbale

12 Flußkrebse, 1 l Court Bouillon, 200 g Butter, 1 EL Mehl, ½ l Crème fraîche, Saft ½ Zitrone, Salz, 1 Msp Cayennepfeffer

Die lebenden Krebse für 5 Minuten in die kochende Court Bouillon tauchen. Zudecken und erkalten lassen. Die Krebse aus den Schalen lösen und die Krebsschwänze beiseite legen. Die Schalen zusammen mit ein wenig Court Bouillon im Mixer zerstoßen. Gut mit der Butter vermengen und 1 Stunde ruhen lassen.

Die kalte Court Bouillon zusammen mit der Krebsbutter zum Kochen bringen und 15 Minuten auf kleiner Flamme ziehen lassen. Vom Feuer nehmen und die Krebsbutter, die sich an der Oberfläche abgesetzt hat, mit einer Kelle abschöpfen und durch ein Sieb in eine andere Kasserolle gießen. Das Mehl einrühren, die Crème fraîche zufügen und das Ganze erneut erhitzen, bis die Sauce die gewünschte Konsistenz erhält. Mit Salz und Cayennepfeffer würzen und die Krebsschwänze dazugeben. Mit der nun fertigen Nantuasauce die gewählten Gerichte überziehen.

Anmerkung: Man kann die Krebsbutter auch fest werden lassen, indem man sie in ein mit kaltem Wasser und Eiswürfeln gefülltes Gefäß gibt.

Zubereitung der Sauce: knapp 2 Stunden.

Fenchelsauce
zu gegrillten oder gedünsteten Makrelen

300 g Butter, ½ Tasse Crème fraîche, 1 TL Zitronensaft, 1 Tasse Fenchel, blanchiert und gehackt, Salz, Pfeffer aus der Mühle

Bei schwacher Hitze die Butter zerlassen und mit Salz und Pfeffer würzen. Die Crème fraîche, den Zitronensaft und den gehackten Fenchel zufügen und das Ganze vorsichtig mit einem Holzlöffel umrühren.
Diese Sauce wird in einer Saucière aufgetragen.
Zubereitung der Sauce: 10 Minuten.

Sauce mit hartgekochten Eiern
zu gedünstetem Kabeljau

250 g Butter, in Stückchen zerteilt, Saft $^1/_2$ Zitrone, 1 Tasse Crème fraîche, 3 hartgekochte Eier, in größere Würfel geschnitten, 1 TL Petersilie, fein gehackt, Salz, Pfeffer aus der Mühle

Bei schwacher Hitze die Butterstückchen zerlassen und den Zitronensaft, Salz und Pfeffer dazugeben. Die Crème fraîche einrühren, die hartgekochten, in Würfel geschnittenen Eier zufügen und das Ganze mit der gehackten Petersilie bestreuen. Diese rasch zubereitete Sauce in einer Saucière servieren.
Zubereitung der Sauce: 25 Minuten, wenn die Eier erst hartgekocht werden müssen.

Sauce Bassaraba
zu Forelle, Saibling, Hecht

100 g Butter, 4 mittelgroße Zwiebeln, in Scheiben geschnitten, 6 Karotten, in dünne Streifchen geschnitten, 1 Bouquet garni, 400 g Fischabfälle, 1 l guter Rotwein, 1 TL Sardellenpaste, 1 TL Mehl, Salz, Pfeffer aus der Mühle

Die Zwiebeln, die Karotten und die Fischabfälle einige Minuten in 50 g Butter dünsten. Das Mehl überstäuben und den Rotwein angießen. Das Kräutersträußchen dazugeben und mit Salz und Pfeffer würzen.
Bei Mittelhitze in 1 Stunde zur Hälfte einkochen. Anschließend durch ein Haarsieb passieren und die Sardellenpaste sowie die restliche Butter in der Sauce zergehen lassen.
Diese Sauce, die Ihnen nur Beifall einbringen wird, in einer Saucière servieren.
Zubereitung der Sauce: 1 Stunde 30 Minuten.

Holundersauce
zu gedünsteten Weißfischen

400 g Butter, in Stückchen zerteilt, 4 Eigelb, 2 EL Weinessig, 1 EL Holunderkonfitüre, 5 Prisen geriebene Muskatnuß, 1 Msp Paprika, Salz

Die Hälfte der Butter und die übrigen Zutaten in eine Kasserolle geben und bei Mittelhitze unter ständigem Rühren mit einem Holzlöffel cremig werden lassen. Sobald die Sauce die gewünschte Konsistenz hat, mit einem Schneebesen die restliche Butter unterschlagen.
Im Wasserbad warm halten und in der Zwischenzeit die Saucière, in der die Sauce aufgetragen wird, mit kochendem Wasser ausspülen.
Zubereitung der Sauce: 10 Minuten.

Mousselinesauce
zu gedünsteten Weißfischen, Spargel

4 nußgroße Stück Butter, 2 Tassen Weinessig, 6 Schalotten, sehr fein gehackt, 2 Eigelb, 2 Eiweiß, zu steifem Schnee geschlagen, 1 Tasse Crème fraîche, Salz, Pfeffer aus der Mühle

Bei starker Hitze die Schalotten im Weinessig dünsten. Die Kasserolle ins Wasserbad stellen und unter ständigem Rühren mit einem Holzspachtel die Eigelb und die Crème fraîche einarbeiten. Mit Salz und Pfeffer würzen. Die Butter zufügen und den Eischnee unterheben.
Diese Sauce kann und darf nicht stehenbleiben. Sofort in eine mit heißem Wasser ausgespülte Saucière gießen und zu Tisch bringen.
Zubereitung der Sauce: 15 Minuten.

> Die Franzosen lieben die Neuerungen, doch nur in Hinblick auf die Kochkunst und die Mode.
>
> *Voltaire*

Sauce Anastasia
zu Saibling, Forelle

1 EL scharfer Senf, 3 Tassen dicke Crème fraîche, 1 Eigelb, 1 Tasse Schnittlauch, fein gehackt, Saft 1 Zitrone, ½ Likörglas Cognac, Salz, Pfeffer

In einer Kasserolle das Eigelb, den Senf und den Cognac bei schwacher Hitze verrühren. Sobald die Mischung genügend angedickt ist, den Zitronensaft dazugeben. Mit Salz und Pfeffer würzen.

Nach und nach die Crème fraîche unterrühren und den Schnittlauch hinzufügen. Vorsichtig vermischen.

Die Sauce nur erwärmen, auf keinen Fall kochen lassen.

Ganz bestimmt wird man Ihnen diese Sauce, die äußerst raffiniert ist, bald nachkochen!

Zubereitung der Sauce: 15 Minuten.

Sauce Trouville
zu gegrillten Langustinen, Jakobsmuscheln

50 g Butter, 1 Knoblauchzehe, fein gehackt, 4 EL Schnittlauch, fein gehackt, 4 EL Petersilie, fein gehackt, 1 Zitrone, geschält und in kleine Würfel geschnitten, 1 Tasse Crème fraîche, ½ Likörglas Fine Champagne, 1 TL Puderzucker, Salz, Pfeffer aus der Mühle

Die Butter, die Raumtemperatur haben sollte, mit den übrigen Zutaten bis auf den Pfeffer vermengen.
Die Langustinenschwänze mit der Sauce bestreichen und 10 Minuten in einen sehr heißen Ofen schieben. Anschließend kurz im Grill gratinieren und vor dem Servieren pfeffern.
Handelt es sich um Jakobsmuscheln, diese vorsichtig mit der Aufbereitung vermischen. Das Ganze in eine Kasserolle geben und zugedeckt bei schwacher Hitze 10 Minuten köcheln lassen.
Königliche Beilage zu einem in der Röhre gedünsteten Fisch.
Anmerkung: Die Zitrone kann eventuell durch eine halbe Grapefruit ersetzt werden.
Zubereitung der Sauce: 15 Minuten.

Kaviarsauce
zu gedünsteten Fischstücken, Forelle etc.

100 g Kaviar, 1 Tasse Bouillon, 2 Zwiebeln, in Scheiben geschnitten, 2 Karotten, in dünne Streifchen geschnitten, 200 g Fischabfälle, ½ Flasche Champagner, 1 Tasse Crème fraîche, Salz, Pfeffer aus der Mühle

Die Zwiebeln und die Karotten 30 Minuten in der Bouillon kochen. Die Fischabfälle dazugeben, den Champagner angießen und das Ganze knapp 1 Stunde bei schwacher Hitze einkochen. Mit Salz und Pfeffer würzen.
Die Aufbereitung durch ein Haarsieb passieren und bei starker Hitze nochmals einige Sekunden reduzieren, um etwa 2 Tassen Fischbrühe zu erhalten.
Vom Feuer nehmen und nach und nach die Crème fraîche einrühren. Den Kaviar in eine Saucière geben und die Sauce darübergießen; vorsichtig vermengen, damit die Kaviarkörnchen nicht zerdrückt werden.
Den Kaviar vor Verwendung kosten; manchmal kann er recht salzig sein. Zur gewünschten Zeit die Sauce abschmecken und gegebenenfalls nachwürzen.
Diese Sauce ist luxuriös und köstlich.
Zubereitung der Sauce: fast 2 Stunden, aber diese sind notwendig, wenn die Sauce gelingen soll.

Sauce Mathilde
zu Rotbarbe oder Felsfisch

4 nußgroße Stück Butter, 1 EL Sardellenbutter, 4 EL Kalbsjus, 1 TL Calvados, 1 mittelgroße Lauchstange

Den Lauch flach auf die Arbeitsplatte legen und an der Wurzel festhalten. Den grünen Teil abschneiden. Mit einem scharfen Messer den Lauch der Länge nach durchschneiden. Nur die feinen Streifen in der Mitte der Lauchstange verwenden.

In einer Kasserolle den Lauch 10 Minuten zugedeckt und bei schwacher Hitze in der zerlassenen Butter dünsten. Die Sardellenbutter, Kalbsjus und Calvados zufügen und 5 Minuten köcheln lassen.

Die Rotbarbe mit dem Lauch füllen und mit möglichst wenig Fettzugabe in der Röhre braten. Nach dem Braten mit der aufbewahrten Lauchflüssigkeit begießen.

Ist der Fisch sehr groß oder verwenden Sie mehrere Fische, so erhöhen Sie die Zutatenmengen im richtigen Verhältnis.

Auf einem vorgewärmten Teller mit kleinen Kartoffeln auf englische Art servieren.

Zubereitung der Sauce: 20 Minuten.

Grüne Sauce
zu Seezungenfilets, kleinen Aalen, Kabeljau, Riesenbarsch

50 g Butter, Saft ¹/₂ Zitrone, 3 Eigelb, 2 Gläser trockener Weißwein, 10 Brennesselblätter, grob gehackt, 6 Sauerampferblätter, grob gehackt, 5 Salbeiblätter, grob gehackt, ¹/₂ Tasse Petersilie, grob gehackt, ¹/₂ Tasse Kerbel, grob gehackt, ¹/₂ Tasse Estragon, grob gehackt, 1 EL Bohnenkraut, 1 TL Thymian, Salz, Pfeffer aus der Mühle

Die grünen Kräuter bei schwacher Hitze in der zerlassenen Butter dünsten. Den in mittelgroße Stücke zerteilten Fisch dazugeben, mit dem Wein bedecken und mit Salz und Pfeffer würzen.

Zum Kochen bringen und den Fisch je nach Sorte kurze Zeit ziehen lassen (rechnen Sie 1 Minute für Seezungen, 3 Minuten für Kabeljau, 6 Minuten für Riesenbarsch und 10 Minuten für kleine Aale). Die Fischstücke vorsichtig herausnehmen und in eine Terrine legen.

Die Sauce mit dem Eigelb binden und mit dem Zitronensaft abschmecken und über die Fischstücke gießen.

Dieses Gericht kalt oder nur gerade lauwarm servieren.

Anmerkung: Der Weißwein kann durch Bier ersetzt werden.

Puristen werden auch die 10 Bibernellenblätter nicht weglassen, wenn sie wissen, wo man sie findet. Sie werden sich jedoch daran erinnern, daß nur junge Bibernelle nicht bitter und unverdaulich ist.

Zubereitung der Sauce: Die Zubereitungszeit hängt ganz allein vom jeweiligen Fisch ab.

> Wenn ich gut gegessen habe,
> ist meine Seele stark und
> unerschütterlich; daran
> könnte auch der schwerste
> Schicksalsschlag nichts
> ändern.
>
> *Molière*

Hechtsauce

zu gedünsteten Fischstücken, Hecht, Seebarsch, Forelle

8 nußgroße Stück Butter, 2 Tassen Bouillon, 1 Glas Weißwein, ½ Tasse Crème fraîche, 2 Eigelb, 2 EL Mehl, 1 EL Weinessig, 1 EL scharfer Senf, 1 EL Schalotten, fein gehackt, 1 TL Petersilie, fein gehackt, 1 TL Kerbel, fein gehackt, 1 TL Estragon, fein gehackt, Salz, Pfeffer aus der Mühle

Den Weißwein zusammen mit den Schalotten zur Hälfte einkochen. 3 nußgroße Stück Butter und das Mehl dazugeben, unter ständigem Rühren mit einem Holzlöffel die Bouillon zugießen und das Ganze auf kleiner Flamme ziehen lassen.

In einer Schüssel die Eigelb, Crème fraîche, Senf, Essig, Kräuter, Salz und Pfeffer vermengen. Diese Mischung zur ersten Aufbereitung geben und die restliche Butter mit einem Schneebesen unterschlagen.

Diese göttliche Sauce wird in einer Saucière serviert.
Zubereitung der Sauce: 20 Minuten.

Austernsauce
zu gedünsteten, warm servierten Fischen

5 nußgroße Stück Butter, 18 mittelgroße Austern (Belons), 1 EL Mehl, 1 Glas Milch, der man das Austernwasser beigibt, 2 EL Sherry, 1 EL Schnittlauch, fein gehackt, 2 EL Crème fraîche, Salz, Pfeffer aus der Mühle

In einer kleinen Kasserolle die Butter zerlassen und die Austern hineingeben. Sobald sie sich an den Rändern leicht kräuseln (das dauert kaum zwei Minuten) herausnehmen.

Das Mehl einstreuen, die mit dem Austernwasser vermischte Milch dazugießen und unter ständigem Rühren köcheln lassen. Den Sherry und die Crème fraîche hinzugeben. Mit Salz und Pfeffer würzen.

Die Sauce warm halten und erst vor dem Servieren die Austern und den Schnittlauch hineingeben.

Sie werden Ihre Gäste mit dieser ungewöhnlichen Sauce, in einer Saucière aufgetragen, auf angenehme Art verführen!

Zubereitung der Sauce: 15 Minuten.

Sauce Coutainville
zu Steinbutt und gegrillten Seefischen

³/₄ l Muscheln, 1 Glas Weißwein, 1 Glas Wasser, 3 nußgroße Stück Butter, 40 g Sardellenbutter, 1 EL Mehl, 3 Schalotten, fein gehackt, 1 TL scharfer Senf, 1 Zwiebel, in Ringe geschnitten, 1 TL Petersilie, fein gehackt, 2 Tassen rohe Champignons, in Scheiben geschnitten, Pfeffer aus der Mühle

Die Zwiebelringe, die Petersilie und die Muscheln auf den Boden einer Kasserolle legen, zudecken und erhitzen, bis die Muscheln ihr Wasser abgeben, das zu dieser Sauce verwendet wird. Den Weißwein zusammen mit den Schalotten vollständig einkochen.

Vom Feuer nehmen und die in Scheiben geschnittenen Champignons, das Wasser und den Senf zufügen, wieder auf das Feuer stellen und zugedeckt 10 Minuten sanft köcheln lassen. Die Aufbereitung durch ein Haarsieb streichen und mit dem Muschelwasser vermengen.

Die Butter mit dem Mehl verkneten, die Sauce damit binden und bei Mittelhitze köcheln lassen. In der letzten Minute die Sardellenbutter darin zergehen lassen.

Abschmecken, falls nötig, nachwürzen und im Wasserbad warm halten.

Eine Sauce, die nur in einer Saucière aufgetragen wird.

Zubereitung der Sauce: 40 Minuten.

Sauce Lison
zu Aal

6 nußgroße Stück Butter, 10 kleine Zwiebeln, blanchiert, 1 Tasse Lauchjulienne, ½ Glas Bordeaux, ½ Tasse Crème fraîche, 12 Champignonköpfe, Salz, Pfeffer aus der Mühle

Einen Aal in Stücke schneiden und diese zusammen mit den blanchierten Zwiebeln in 3 nußgroßen Stück Butter anbraten. Die Lauchjulienne dazugeben und 15 Minuten köcheln lassen. Den Bordeaux angießen, etwas einkochen und die Crème fraîche einrühren.
20 Minuten in einen vorgeheizten Ofen (Mittelhitze) schieben und in dieser Zeit die Champignonköpfe in der restlichen Butter dünsten.
Die Aalstücke auf einer Platte anrichten und warm halten. Die Champignons in die Sauce geben und diese zur gewünschten Konsistenz einkochen. Abschmecken und gegebenenfalls nachwürzen.
Den Aal vor dem Servieren mit der Sauce überziehen.
Ihr Essen wird ein großer Erfolg sein.
Zubereitung der Sauce: 1 Stunde 30 Minuten.

Sauce Roger
zu gedünsteten Meeresfrüchten (Langustinen, Muscheln, Seezungen, Jakobsmuscheln, Garnelen, Fischklößchen)

2 nußgroße Stück Butter, 1 Zwiebel, in Scheiben geschnitten, 1 Bouquet garni, 2 schöne Tomaten, enthäutet und entkernt, 1 Likörglas Fine Champagne, 1 Tasse Court Bouillon, 2 Dosen Trüffelschalen, 2 EL Crème fraîche, 2 EL cremige Hummersuppe, 1 Msp Paprika, 1 Msp Cayennepfeffer, Salz

In der zerlassenen Butter die Zwiebel und die Tomaten weich dünsten. Das Kräutersträußchen und die Gewürze dazugeben sowie den Fine Champagne angießen. Köcheln lassen und die Court Bouillon hinzufügen.
Die Aufbereitung durch ein Haarsieb passieren, wieder auf das Feuer stellen und bei schwacher Hitze die Hummersuppe, die Crème fraîche und die Trüffelschalen einarbeiten.
Die Sauce mit den in Court Bouillon gedünsteten Meeresfrüchten vermengen und sehr heiß servieren.
Keine Beilage zu diesem Gericht, das sich selbst genügt.
Zubereitung der Sauce: 30 Minuten.

Burgundersauce
zu Blutwurst

3 EL Olivenöl, 1 Knoblauchzehe, grob gehackt, 2 Schalotten, grob gehackt, 1 mittelgroße Zwiebel, grob gehackt, 1 Tasse Rindermark, 1 Tasse Speckscheiben, 1 Flasche guter Burgunder, 1 TL Stärkemehl, Salz, Pfeffer aus der Mühle

Den Knoblauch, die Schalotten und die Zwiebel in das rauchheiße Öl geben. Die Hitze etwas herunterschalten und das Rindermark, die Speckscheiben und den Burgunder zufügen. In etwa 40 Minuten zur Hälfte einkochen und mit dem in wenig Wasser aufgelösten Stärkemehl binden.
Die Haut von der Blutwurst abziehen und das Wurstfleisch in eine feuerfeste Auflaufform legen. Mit der Sauce überziehen und 15 Minuten in einen vorgeheizten Ofen (Mittelhitze) schieben.
Für den, der Blutwurst mag, ein Genuß!
Die einzige Beilage, die diesem Gericht würdig ist: Apfelmus aus schönen Renetten.
Zubereitung der Sauce: knapp 1 Stunde.

Weißweinsauce mit Senf
zu Bratwürsten

1 EL Olivenöl, 2 Schalotten, fein gehackt, 4 EL scharfer Senf, 2 Gläser trockener Weißwein, 4 EL Rindermark, Salz, Pfeffer aus der Mühle

In einer Schüssel den scharfen Senf mit dem trockenen Weißwein und den gehackten Schalotten verrühren und mit Salz und Pfeffer würzen.
Die Bratwürste zusammen mit dem Rindermark im Olivenöl braten und die vorbereitete Senfmischung dazugeben.
Noch einige Minuten köcheln lassen und sehr heiß servieren.
Ein Gericht für den geübten Amateur!
Zubereitung der Sauce: 10 Minuten.

Lange Sauce mit Champagner
zu ganzen Trüffeln

1 l kräftige Bouillon, 2 Flaschen trockener Champagner, 1 Bouquet garni, 1 große Zwiebel, mit 2 Nelken gespickt, 8 Hühnerkrallen, 300 g Kalbshaxe, 5 nußgroße Stück Butter, 2 EL Mehl, Salz, Pfeffer aus der Mühle, 3 EL Crème fraîche

In einem großen Kochtopf die Bouillon, 1¹/₂ Flaschen Champagner, das Kräutersträußchen, die Hühnerkrallen und die Kalbshaxe unbedeckt 4 Stunden köcheln lassen. Mit Salz und Pfeffer würzen.
Die zur Hälfte eingekochte Aufbereitung durch ein Haarsieb gießen. Abkühlen lassen und über Nacht kühl stellen. Am nächsten Morgen sorgfältig das erstarrte Fett abheben.
Die Butter in einer Kasserolle zerlassen, das Mehl einrühren und nach und nach das abgeschöpfte Fett untermengen. Den restlichen Champagner dazugießen und auf kleiner Flamme erneut zur Hälfte einkochen. Sorgfältig abschäumen.
Die Crème fraîche in die Sauce rühren und diese abschmecken.
Heiße geschälte Trüffeln in der Folie können Sie für diese ausdrucksvolle und üppige Sauce begeistern.
Zubereitung der Sauce: 24 Stunden, aber ohne Zweifel der Mühe wert.

Viererlei-Käsesauce
zu hausgemachten Nudeln und Teigwaren

1 Tasse geriebener Gruyère, ½ Tasse Milch, ½ Tasse geriebener Parmesan, ½ Tasse Crème fraîche, ½ Tasse geriebener Tomme, 5 nußgroße Stück Butter, 1 EL Roquefort, 4 Scheiben Schinken, in kleine Würfel geschnitten, Pfeffer aus der Mühle, 4 Prisen geriebene Muskatnuß

Die Nudeln in reichlich Salzwasser kochen.
In einer Schüssel die angegebenen Zutaten genau der Reihe nach, das ist wichtig, miteinander vermischen.
Die Nudeln abgießen und zusammen mit dem Inhalt der Schüssel in eine vorgewärmte Terrine oder Schüssel geben. Mit zwei Gabeln kräftig durchmengen, bis die Käse geschmolzen sind.
Sofort servieren.
Ich kann Ihnen versichern, daß die Schüssel leer in die Küche zurückkommen wird ...
Zubereitung der Sauce: 10 Minuten voller Ungeduld!

Steinpilzsauce
zu hausgemachten Nudeln

150 g getrocknete Steinpilze, in 2 Tassen Bouillon eingeweicht, 5 nußgroße Stück Butter, 1 Tasse Tomatenmark, ½ Tasse geriebener Parmesan, 1 große Zwiebel, fein gehackt, ½ Tasse Fleischsaft

Die Zwiebel in der Butter glasig dünsten. Die Steinpilze, das Tomatenmark und den Fleischsaft dazugeben und das Ganze 15 Minuten bei Mittelhitze köcheln lassen.
Eine Schicht hausgemachte Nudeln, ›al dente‹ gekocht und gut abgetropft, gesalzen und gepfeffert, in eine Schüssel füllen. Die Sauce darübergießen, mit Parmesan bestreuen und mit den restlichen Nudeln bedecken.
Anmerkung: Diese Sauce läßt sich auch mit Morcheln zubereiten.
Zubereitung der Sauce: 15 Minuten; gleiche Kochzeit für die Nudeln.

Olivensauce
zu Spaghetti oder Makkaroni

5 EL Olivenöl, 1 große Zwiebel, in Scheiben geschnitten, 1 gut gemischtes Bouquet garni, 2 Tomaten, enthäutet und entkernt, 2 EL grüne Oliven, entkernt und zerschnitten, 2 EL schwarze Oliven, entkernt und zerschnitten, 2 EL Pinienkerne, 2 EL Korinthen, Saft 1 Zitrone, 1 Apfel, in kleine Würfel geschnitten, 1 Msp Safran, 1 Msp Paprika, 1/2 Tasse geriebener Parmesan, Salz

Während die Nudeln in reichlich Salzwasser kochen, die verschiedenen Zutaten, Parmesan ausgenommen, in Olivenöl dünsten.

Die Nudeln gut abtropfen lassen und in eine gebutterte Form füllen. Mit der heißen Sauce vermengen (Kräutersträußchen entfernen!), mit dem geriebenen Parmesan bestreuen und 20 Minuten in einen vorgeheizten Ofen schieben.

Das Gericht schmeckt auch am nächsten Tag, aufgewärmt, hervorragend.

Zubereitung der Sauce: 15 Minuten.

Maltesersauce
zu Spargel

200 g Butter, in Stückchen zerteilt, 4 Eigelb, Saft von 2 Blutorangen, 1 EL abgeriebene Orangenschale, Salz, Pfeffer aus der Mühle

In einer kleinen Kasserolle im Wasserbad die Hälfte der Butterstückchen, die Hälfte des Orangensaftes und die vier Eigelb mit einem Schneebesen aufschlagen.
Unter ständigem Schlagen die Sauce die gewünschte Konsistenz annehmen lassen.
Die restlichen Butterstückchen sowie den restlichen Orangensaft und die abgeriebene Orangenschale unterrühren. Wenn die Sauce genügend angedickt ist, mit Salz und Pfeffer würzen.
Bis zum Servieren im Wasserbad warm halten, dabei aber nicht mehr umrühren.
Zubereitung der Sauce: 20 Minuten.

Kalte Saucen

Mayonnaise
zu vielerlei Gerichten

1 EL milder Senf, 1 Eigelb, 1 Tasse Olivenöl, 2 EL lauwarmes Wasser, 1 EL Crème fraîche, Saft ½ Zitrone, Salz, Pfeffer aus der Mühle

Das Eigelb in eine Schüssel geben und gut mit dem Senf verrühren. Unter ständigem Rühren das Olivenöl in kleinen Mengen dazugeben.
Erscheint Ihnen die Menge ausreichend, so fügen Sie nun den Zitronensaft, das Wasser und die Crème fraîche zu und würzen mit Salz und Pfeffer.
Die Mayonnaise vorzugsweise mit Raumtemperatur servieren.
Anmerkung: Um die Mayonnaise etwas leichter zu machen, kann man sorgfältig ein zu steifem Schnee geschlagenes Eiweiß unterheben.
Zubereitung der Sauce: 10 Minuten.

Zitronensauce mit Pastis
zu verschiedenen grünen Salaten

*3 EL Olivenöl, 1 EL Zitronensaft, 1 TL scharfer Senf,
1 Knoblauchzehe, geschält und in Viertel geschnitten,
1 TL Pastis (Anisschnaps), Salz, Pfeffer*

Die in Viertel geschnittene Knoblauchzehe in eine Salatschüssel geben; sie wird nicht mitgegessen, sondern dient nur dazu, den Salat zu parfümieren.
Den Zitronensaft, den Senf, das Olivenöl, Salz und Pfeffer vermischen und den Pastis zufügen.
Sie werden das Gefühl haben, als hätte sich die ganze Provence in Ihrem Salat versammelt.
Den Salat mit leichter Hand mengen, damit die Blätter nicht zerdrückt werden.
Zubereitung der Sauce: 5 Minuten.

Aïoli
zu verschiedenen Gerichten (gedünsteten Seefischen, hartgekochtem Gemüse)

8 Knoblauchzehen, geschält, 1 1/2 Tassen Olivenöl, 1 Eigelb, Saft 1 Zitrone, 2 EL lauwarmes Wasser, Salz

Aïoli wird ausschließlich in einem Mörser zubereitet. Die Knoblauchzehen mit dem Stößel zu einer Paste zerreiben. Das Salz und das Eigelb hinzufügen und unter unermüdlichem Rühren mit dem Stößel langsam das Öl dazugießen. Sobald etwa 3 bis 4 EL Öl eingearbeitet sind, den Zitronensaft und 1 EL lauwarmes Wasser zugeben. Wiederum Öl zugießen und kräftig mit dem Stößel rühren. Ist das Ganze zu dick, den zweiten EL Wasser zufügen und so lange weiterrühren, bis das Öl restlos aufgebraucht ist.

Anmerkung: Wenn die Aïoli gerinnt, alles aus dem Mörser gießen, beiseite stellen und mit einem zweiten Eigelb und einigen Tropfen Zitronensaft von vorne anfangen. Unter kräftigem Rühren die erste Aufbereitung langsam dazugießen. Dieses Mal müßte die Aïoli gelingen.

Zubereitung der Sauce: 15 Minuten, wenn alles gutgeht.

Sauce nach Alexandre Dumas
zu Kopfsalat

4 Eigelb von hartgekochten Eiern, 3 EL Olivenöl, 3 TL Kerbel, gehackt, 1 EL zerdrückter Thunfisch, 1 EL Sardellenpaste, 6 Cornichons, gehackt, 2 EL Weinessig, 1 Msp Paprika, Salz, weißer Pfeffer aus der Mühle

In einer Salatschüssel die Eigelb und das Olivenöl zu einer glatten Paste verrühren. Den Kerbel, den mit einer Gabel zerdrückten Thunfisch, die Sardellenpaste und die gehackten Cornichons untermengen und den Weinessig angießen.
Die gewaschenen und gut abgetropften Salatblätter in die Schüssel geben und mit Paprika bestreuen.
Alexandre Dumas überließ niemandem die mit höchster Sorgfalt auszuführende Aufgabe, diesen köstlichen Salat zuzubereiten.
Zubereitung der Sauce: Wenn alle Zutaten vorbereitet sind, einige Sekunden.

Specksauce
zu jungem Löwenzahn

100 g magerer Speck, in kleine Würfel geschnitten, 2 EL Weinessig, 1 EL Olivenöl, Salz, weißer Pfeffer aus der Mühle

Den in einer Salatschüssel angerichteten Löwenzahn mit Salz und Pfeffer bestreuen.
In einer Pfanne die Speckwürfelchen in Olivenöl rösten. Den Essig dazugießen, rasch aufkochen und über den Salat geben.
Sofort servieren.
Zubereitung der Sauce: 15 Minuten.

Sauerrahmsauce
zu Kopfsalat, Gurken

2 Eigelb von hartgekochten Eiern, 4 EL saure Sahne, 1 EL Estragonessig, 1 EL Estragon, fein gehackt, 1 EL Kerbel, fein gehackt, 1 EL Fenchel, fein gehackt, Salz, weißer Pfeffer aus der Mühle

Die Eigelb mit einer Gabel zerdrücken und mit der sauren Sahne vermengen. Die verschiedenen Kräuter, den Estragonessig, Salz und Pfeffer unterrühren. Den Salat mit der Sauce begießen, vorsichtig mischen und servieren.
Zubereitung der Sauce: 15 Minuten.

Joghurtsauce
zu Gurken

1 Naturjoghurt, 1 Tasse Crème fraîche, 1 EL gehackter Schnittlauch, 1 TL frische Pfefferminze, gehackt, 1 EL Olivenöl, 1 Knoblauchzehe, fein gehackt, Salz

Die Gurken schälen, in dünne Scheiben schneiden und mit Salz bestreuen. Gut 1 Stunde ziehen lassen und anschließend das Wasser, das sich gebildet hat, weggießen.
Für die Salatsauce werden sämtliche Zutaten miteinander vermischt. Die Sauce mit den Gurken vermengen und eisgekühlt servieren.
Die Pfefferminzblätter können zu dieser Aufbereitung nach Belieben verwendet werden; an heißen Tagen verleihen sie der Sauce jedoch ein angenehmes Frischegefühl.
Zubereitung der Sauce: 5 Minuten.

Sauce zu Vorspeisen auf griechische Art
zu Endivie, Fenchel, Stangensellerie, Lauch, Champignons, Artischocken, Zucchini

1 Glas Wasser, 1 Glas Weißwein, 5 EL Olivenöl, 1 TL weiße Pfefferkörner, 1 Zweig Thymian, 3 Lorbeerblätter, Saft 1 Zitrone, 12 kleine weiße Zwiebeln, Salz, 3 Zitronenscheiben, geschält

Sämtliche Zutaten zusammen aufkochen lassen. Das gewählte Gemüse dazugeben und das Ganze bei geschlossener Kasserolle 15 Minuten köcheln lassen.
Diese 15 Minuten sind natürlich von der Zartheit und der Qualität des Gemüses abhängig.
Die fertige Aufbereitung in eine Salatschüssel füllen, abkühlen lassen und servieren.
Falls einem danach ist, kann man auch noch einen EL Sultaninen hinzufügen!
Zubereitung der Sauce: 30 Minuten.

Weiße Senfsauce
zu Knollensellerie, in feine Streifen geschnitten, oder zu Stangensellerie

2 Eigelb, 1 EL weißer Senf, 1 Msp Cayennepfeffer, 4 EL Weinessig, 1 Glas Olivenöl, Salz

Sämtliche Zutaten bis auf das Olivenöl miteinander vermengen. Letzteres wird in kleinen Mengen untergerührt, bis man eine glatte, mayonnaiseartige Sauce erhält.
Das gewählte Gemüse mit der Sauce überziehen und gekühlt servieren.
Zubereitung der Sauce: einige Sekunden.

Sauce mit Bouillon und Weißwein
zu Kartoffelsalat (etwa 1 kg)

2 EL Olivenöl, 2 EL Weinessig, 1 Glas Weißwein, 1 Tasse Bouillon, 1 EL scharfer Senf, Pfeffer aus der Mühle

Die in dünne Scheiben geschnittenen, gedämpften Kartoffeln 30 Minuten in den mit der Bouillon vermischten Wein legen. Mehrmals mit einer Gabel vorsichtig umwenden, damit jede Scheibe gut mit Flüssigkeit getränkt wird.

Den Senf mit dem Öl verrühren, den Pfeffer und den Essig zufügen. Die Sauce über die Kartoffeln gießen, mit einer Gabel gut mengen und den Salat mit Raumtemperatur servieren.

Ihr Salat wird zu einem Zwischengericht, das der größten Küchenchefs würdig ist, wenn Sie einige Trüffelscheiben und Wachteleier dazugeben.

Zubereitung der Sauce: nur ein Augenblick!

> Wenn ich den Appetit verliere,
> verliere ich den Verstand.
> *Lukullus*

Amerikanische Sauce
zu Salat aus Avocados, Krebsfleisch und Garnelen

1/2 Tasse Olivenöl, 2 EL scharfer Senf, 1 Eigelb, 2 EL Tomatenketchup, 1/2 Zitrone, geschält und in kleine Stücke geschnitten, 1 Tomate, enthäutet, entkernt und zerschnitten, 1/2 Tasse Wasser, 1 Knoblauchzehe, fein gehackt, 1 Tasse Stangensellerie, fein geschnitten, 1 Zwiebel, fein gehackt, 3 EL Schnittlauch, fein gehackt, 3 EL Petersilie, fein gehackt, Salz, weißer Pfeffer aus der Mühle, 4 Avocados, geschält und in Würfel geschnitten, 1 Dose Krebsfleisch, 100 g Garnelen

Sämtliche Zutaten, Avocados, Krebsfleisch und Garnelen ausgenommen, mit einem Schneebesen zu einer homogenen Sauce verarbeiten. Die in Würfel geschnittenen Avocados, das sorgfältig von harten Teilen befreite Krebsfleisch und die Garnelen zugeben. Vorsichtig vermischen. 3 Stunden in den Kühlschrank stellen (sehr wichtig) und in Schalen, mit in feine Streifen geschnittenem Salat ausgelegt, servieren.
Zubereitung der Sauce und des Salats: 30 Minuten.

Walnußölsauce
zu Trüffelsalat

3 EL Walnußöl, Saft ½ Zitrone, 1 EL Schalotten, fein gehackt, 2 Tassen trockener Weißwein, Salz, weißer Pfeffer aus der Mühle

Die in feine Scheiben geschnittenen Trüffeln 10 Minuten bei schwacher Hitze in dem trockenen Weißwein kochen. Im Wein bei Raumtemperatur abkühlen lassen.
Die abgekühlten Trüffeln mit dem Walnußöl und dem Zitronensaft beträufeln und mit den Schalotten, Salz und Pfeffer bestreuen. Recht vorsichtig vermengen, ohne die Trüffeln zu zerdrücken.
Dieser festliche Salat dient als Beilage zu einer Wildterrine. Mehr als ein Festessen, eine Köstlichkeit!
Zubereitung der Sauce: einige Sekunden.

Musketiersauce
zu kaltem Rinderfilet

1 Glas trockener Weißwein, 1 TL Weinessig, 1 Tasse Kalbsjus, 4 Schalotten, fein gehackt, 1/2 Tasse Schnittlauch, fein gehackt, 2 Tassen ungewürzte Mayonnaise, Salz, weißer Pfeffer aus der Mühle

Den Weißwein zusammen mit den Schalotten fast vollständig einkochen. Die Kalbsjus hinzufügen und nochmals ein wenig reduzieren. Die Aufbereitung durch ein Haarsieb streichen und abkühlen lassen.
Den abgekühlten Appareil und zuletzt den Schnittlauch unter die Mayonnaise mengen. Mit Salz und Pfeffer abschmecken.
Die Sauce mit Raumtemperatur in einer Saucière servieren.
Zubereitung der Sauce: 45 Minuten.

Sauce mit sauren Äpfeln
zu gebratener Gans, warmem oder kaltem Schweinefleisch

300 g saure Äpfel, geschält und in Viertel geschnitten, ½ Glas Weißwein, 2 EL geriebener Meerrettich, 2 Tassen gewürzte Mayonnaise

Die Äpfel zusammen mit dem Wein dämpfen. Durch eine Gemüsemühle streichen oder im Mixer zu einem glatten Püree passieren.
Wenn das Püree abgekühlt ist, unter die Mayonnaise ziehen und den geriebenen Meerrettich zufügen. Abschmekken, und falls nötig, nachwürzen.
Anmerkung: Wenn Sie keine sauren Äpfel finden, nehmen Sie gewöhnliche und fügen dem Wein den Saft einer halben Zitrone zu. Die Sauce läßt sich auf die gleiche Weise auch mit Stachelbeeren zubereiten. Sie benötigen dann etwa 125 g Stachelbeeren.
Zubereitung der Sauce: wenn die Äpfel gedämpft sind und die Mayonnaise bereits fertig ist: ein Augenblick.

Ravigote
zu Pot-au-feu oder Huhn im Topf

1 hartgekochtes Ei, fein gehackt, 1 TL scharfer Senf, 1 EL Petersilie, fein gehackt, 1 EL Kerbel, fein gehackt, 1 EL Estragon, fein gehackt, ½ Tasse Cornichons, in feine Streifen geschnitten, 2 EL Weinessig, 6 EL Olivenöl, 1 EL Bouillon oder Wasser, Salz, 1 Msp Cayennepfeffer

Sämtliche Zutaten miteinander vermischen und 1 Stunde kühl stellen. Diese Sauce wird in einer Saucière aufgetragen. Kenner schätzen es, daß diese Sauce die klassischen Beilagen zum Pot-au-feu übertrifft. Diese sind: verschiedene Senfsorten, grobes Salz, Meerrettich, Cornichons, Gurken- und Tomatensalat und schließlich eine pikante Tomatensauce.

Anmerkung: Wenn Sie Dill mögen, geben Sie gut 2 EL dieses Kräutleins, fein gehackt, dazu.

Zubereitung der Sauce: 30 Minuten.

> Es gibt zwei Künste, die man erst nach langer Erfahrung völlig genießt: die Baukunst und die Kochkunst.
>
> *Edouard Herriot*

Polnische Sauce
zu kaltem Schwarzwild

1 Glas Zitronensaft, Saft 1 Pomeranze (Bitterorange), 1 EL scharfer Senf, 4 EL Puderzucker, weißer Pfeffer aus der Mühle

Sämtliche Zutaten miteinander zu einer glatten Sauce vermischen.
Gut gekühlt in einer Saucière servieren.
Anmerkung: Der Pomeranzensaft kann durch den Saft einer Grapefruit ersetzt werden.
Zubereitung der Sauce: 5 Minuten.

Sahnesauce mit Meerrettich
zu gekochtem Fleisch

2 Tassen Crème fraîche, 1 Msp Cayennepfeffer, Salz, 1 EL geriebener Meerrettich

Die Crème fraîche mit einem Schneebesen oder im Mixer aufschlagen. Salzen, den Cayennepfeffer und den Meerrettich zufügen und das Ganze zu einer homogenen Masse verrühren. Gut gekühlt servieren.

Eine großartige, dennoch höchst einfache Sauce, leicht und rasch zuzubereiten.

Zubereitung der Sauce: die Zeit, die Sie zum Aufschlagen der Crème fraîche benötigen.

Kapuzinermayonnaise
zu kaltem Lachs

2 Tassen gewürzte Mayonnaise, 1 Msp Cayennepfeffer, 1 Msp Paprika, 2 schöne, reife Tomaten

Die Tomaten einige Sekunden in kochendes Wasser tauchen, damit sie sich leichter enthäuten lassen. Halbieren und entkernen, durch ein Haarsieb streichen und das Fruchtmark in einem Teller auffangen. 10 Minuten ruhen lassen und anschließend das Wasser, das sich gebildet hat, vorsichtig abgießen. Das Mark mit einem Schneebesen unter die Mayonnaise ziehen. Den Cayennepfeffer und den Paprika zufügen.
Eine Sauce mit der schönen Farbe roter Kapuzinerkresse, eine Abwechslung zu der ewigen grünen Sauce.
Zubereitung der Sauce: 20 Minuten.

Kalte Schalottensauce
zu kaltem Fisch, Spargel, Lauch

½ Tasse Weinessig, 6 Schalotten, fein gehackt, 1 EL Schnittlauch, fein gehackt, 1 Msp Cayennepfeffer, 2 Tassen ungewürzte Mayonnaise, Salz, weißer Pfeffer aus der Mühle

Den Essig zusammen mit den Schalotten in einer kleinen Kasserolle einkochen. Auf Raumtemperatur abkühlen lassen und anschließend unter die Mayonnaise mischen. Mit Salz und Pfeffer würzen und den Schnittlauch sowie den Cayennepfeffer zufügen. Das Ganze gut verrühren und 1 Stunde kühl stellen.
Zubereitung der Sauce: 1 Stunde.

Kalte Sauce mit Minzgeschmack
zu Langustinen, Garnelen, verschiedenen Schal- und Krustentieren

1 EL frische Pfefferminzblätter, ¹/₂ Tasse Walnüsse, ohne Schalen und im Mixer zerstoßen, 1 EL Honig, 1 EL Weinessig, 1 Tasse Bouillon, 1 Glas Weißwein, ¹/₂ TL zerstoßene Pfefferkörner

In einer großen Schüssel die zerstoßenen Walnüsse und den Honig zu einer homogenen Paste verrühren. Mit einer Gabel den Essig, den Wein und die Bouillon unterschlagen. Die frischen feingehackten Pfefferminzblätter zufügen. 1 Stunde in den Kühlschrank stellen und anschließend in einer Saucière auftragen.
Zubereitung der Sauce: 15 Minuten.

Sardellensauce
zu kaltem Fisch, Languste, kaltem Fleisch

2 Tassen Olivenöl, 1 EL Kerbel, fein gehackt, 1 EL Petersilie, fein gehackt, 1 EL Estragon, fein gehackt, 1 EL Schnittlauch, fein gehackt, 2 Eigelb, 4 Sardellenfilets ohne Gräten, Saft ½ Zitrone, 1 EL Wasser, 1 Msp Pastetengewürz, Salz, weißer Pfeffer aus der Mühle

Sämtliche Zutaten im Mixer zu einer geschmeidigen Sauce verrühren. Vor dem Servieren in einer Saucière 1 Stunde in den Kühlschrank stellen.
Zubereitung der Sauce: 10 Minuten.

Meerrettichsauce mit Schnittlauch
zu Aal und kaltem Fleisch

1 Tasse Crème fraîche, 1 EL Meerrettich, 1 TL scharfer Senf, 2 EL Schnittlauch, fein gehackt, Saft ½ Zitrone, Salz

Sämtliche Zutaten gut miteinander verrühren und vor dem Servieren 1 Stunde in den Kühlschrank stellen.
Die Aalstücke hübsch mit Salatblättern, Radieschen, Tomatenscheiben und Blumenkohlröschen umlegen, ganz wie es Ihrer Fantasie beliebt.
Dazu in dünne Scheiben geschnittenes Schwarzbrot reichen.
Zubereitung der Sauce: 10 Minuten.

Sauce Rose
zu Rohkost wie Blumenkohlröschen, Rettichen und Radieschen, Stangensellerie, Karotten etc.

½ Tasse Olivenöl, 2 EL Weinessig, 1 EL Senf, 1 Schalotte, fein gehackt, 1 EL Roquefort, 1 TL Selleriesalz, ½ Tasse Tomatenketchup, 1 Tasse Crème fraîche, 1 Msp Cayennepfeffer, Salz

Sämtliche Zutaten bis auf die Crème fraîche mit einer Gabel oder im Mixer verrühren. Nun erst die Crème fraîche zufügen und die Sauce vor dem Servieren 1 Stunde in den Kühlschrank stellen.

Diese Sauce wird in kleinen Schalen aufgetragen, damit jeder Gast die rohen Gemüsestückchen vor dem Verzehren hineintunken kann.

Zubereitung der Sauce: 15 Minuten.

Senf-Dill-Sauce
zu Hummer und Flußkrebsen

1 Tasse Olivenöl, 2 EL weißer Essig, 4 EL brauner Senf, 1 TL Senfpulver, 3 EL Puderzucker, ½ Tasse Dill, fein gehackt

Den Senf, das Senfpulver und den Puderzucker vermengen. Unter ständigem Rühren das Olivenöl in kleinen Mengen zugießen, bis das Öl aufgebraucht und eine geschmeidige Sauce entstanden ist.

Den Essig und den feingehackten Dill hinzufügen.

Diese Sauce nicht in den Kühlschrank stellen; sie sollte vorzugsweise mit Raumtemperatur gegessen werden.

Zubereitung der Sauce: 10 Minuten.

Marinade und Court Bouillon

Marinade
für rotes und weißes Fleisch, Wild und Geflügel

1 Zwiebel, mit 3 Nelken gespickt, 1 Schalotte, grob gehackt, 1 Karotte, in Scheiben geschnitten, 1 Stiel Stangensellerie, in kleine Würfel geschnitten, 1 Knoblauchzehe, zerdrückt, 4 Wacholderbeeren, 1 Bouquet garni, $^1/_2$ Tasse Weinessig, $^1/_2$ Flasche trockener Weißwein, 1 Tasse Olivenöl, 6 weiße Pfefferkörner

Die Hälfte von den vermischten Zutaten, das Öl ausgenommen, in eine Schüssel geben. Das Fleisch hineinlegen und die restliche Marinade darübergießen.
Nun das Fleisch mit dem Olivenöl begießen, damit es nicht schwarz wird.
Das Ganze 2 bis 3 Tage, je nach Fleischsorte, an einen kühlen Ort stellen und dabei nicht vergessen, das Fleisch von Zeit zu Zeit umzuwenden.
Vor der Zubereitung das Fleisch mit einem Küchenhandtuch abtrocknen. Die Marinade aufbewahren; sie wird zur Herstellung der Sauce verwendet.
Zubereitung: 10 Minuten.

Court Bouillon
für Fisch, Schal- und Krustentiere, Meeresfrüchte

3 l Wasser, 1 großes Glas Weinessig, 4 Zwiebeln, in Ringe geschnitten, 75 g grobes Salz, 10 weiße Pfefferkörner, 10 Korianderkörner, 2 Schalotten, in Scheiben geschnitten, 1 Bouquet garni, 3 Nelken

Das Wasser mit den übrigen Zutaten zusammen zum Kochen bringen, einige Sekunden kochen lassen und dann den Herd abschalten. Den Fisch in die fast kalte Court Bouillon geben. Erhitzen und den Fisch in der siedenden Court Bouillon ziehen lassen.
Im Gegensatz zu Fisch werden Schal- und Krustentiere erst in die Court Bouillon gegeben, wenn diese kocht.
Fisch, der lauwarm oder kalt serviert wird, muß in der Court Bouillon abkühlen, damit sein Fleisch nicht austrocknet.
Fisch, der kalt serviert wird, auch niemals in den Kühlschrank legen: Dadurch wird selbst der beste Fisch ganz einfach schlecht.
Niemals kalten Hecht servieren, dies ist eine Beleidigung für die gute Küche.
Zubereitung: 20 Minuten.

Saucen für Desserts

Pfirsichsauce
zu verschiedenen Eissorten, Sorbets

8 reife, fruchtige Pfirsiche, 1 Tasse Puderzucker, 1/2 Tasse grüne Walnüsse, 1 EL Zitronensaft

Die Walnüsse und die enthäuteten, entkernten Pfirsiche im Mixer zerstoßen. Mit dem Puderzucker und dem Zitronensaft vermischen. In einem geschlossenen Gefäß im Kühlschrank aufbewahren. In einer Saucière servieren.
Zubereitung der Sauce: einige Sekunden.

Himbeersauce
zu verschiedenen Eissorten, Sorbets, Pfannkuchen

2 Tassen Himbeergelee, 6 EL heißes Wasser, 1 EL Weinessig, 1 TL Zitronensaft, 1/2 TL feines Salz

Sämtliche Zutaten in einer kleinen Kasserolle bei schwacher Hitze verrühren. Sobald das Himbeergelee geschmolzen ist und die Sauce eine homogene Konsistenz angenommen hat, bis zum Servieren auf kleinster Flamme warm halten.
Vor dem Servieren das Eis mit etwas Sauce überziehen und die restliche Sauce in einer Saucière auftragen.
Zubereitung der Sauce: knapp 5 Minuten.

Aprikosensauce
zu Ananaseis, Birnen in der Röhre

*1 kg reife, fruchtige Aprikosen, ¹/₂ kg Vanillezucker,
1 EL Zitronensaft, ¹/₂ Likörglas Kirschwasser*

Die ungeschälten Aprikosen zusammen mit dem Vanillezucker kochen. Sobald sie weich sind, durch eine Gemüsemühle passieren. Mit Zitronensaft und Kirschwasser zu einer glatten Sauce verrühren.
Auf Wunsch können Sie einige EL Crème fraîche darunterrühren.
Kühl stellen.
Zubereitung der Sauce: etwa 20 Minuten.

Erdbeersauce
zu verschiedenen Eissorten, Sorbets, frischem Obst

3 Tassen Erdbeeren, mit einer Gabel zerdrückt, 1 Tasse Puderzucker, ¹/₂ Tasse Wasser, 1 TL Zitronensaft, 1 EL Himbeergeist

Den Zucker im Wasser auf kleiner Flamme schmelzen lassen. Die Erdbeeren hinzugeben, aufkochen lassen und 1 Minute kochen.
Das Ganze in eine Schüssel umfüllen, mit dem Zitronensaft und dem Himbeergeist verrühren und kühl stellen.
Zubereitung der Sauce: knapp 10 Minuten.

Grapefruitsauce
zu rohen oder gebratenen Bananen

1 Tasse Milch, 1 Tasse Würfelzucker, 1 Tasse Grapefruitsaft, 1 Tasse dicke Crème fraîche

Eine Grapefruit mit heißem Wasser abwaschen und gut abtrocknen. Jedes Stück Würfelzucker an der Schale abreiben. Den Zucker und die Milch in eine Kasserolle geben und auf kleiner Flamme erhitzen. Abkühlen lassen und die Crème fraîche unterrühren. Bis zum Servieren kühl stellen.
Mit dieser Sauce beispielsweise einen Bananensalat überziehen.
Eine wohlgelungene Kombination!
Zubereitung der Sauce: 15 Minuten.

Avocadosauce
zu Ananas

1 Tasse Milch, 1 Tasse dünnflüssige Crème fraîche, ½ Tasse Puderzucker, 1 Tasse Avocadofleisch, ½ Tasse grüne Walnüsse, 3 Eigelb

Die Milch, die Crème fraîche und den Zucker zusammen auf kleiner Flamme erhitzen, bis der Zucker vollständig geschmolzen ist. Die Eigelb in einen Mixer geben, die kochende Mischung hinzufügen, ebenso das Avocadofleisch und die Walnüsse. Das Ganze zu einer homogenen Masse vermischen und kühl stellen.
Zubereitung der Sauce: gut 15 Minuten.

Honig-Orangen-Sauce
zu Génoise, Pudding

1 Tasse weiche Butter, 1 Tasse Honig, 2 EL Orangensaft, 1 TL abgeriebene Orangenschale, 2 Prisen geriebene Muskatnuß

Sämtliche Zutaten zusammen kräftig aufschlagen. Wenn eine homogene Masse entstanden ist, diese in eine Schüssel gießen und in den Kühlschrank stellen.
Diese Sauce paßt ausgezeichnet zu Génoise, einem Kuchen aus lockerem Biskuitteig, und schmeckt sogar auf einem Butterbrötchen.
Zubereitung der Sauce: 5 Minuten.

Kirschsauce
zu verschiedenen Eissorten, frischem oder gedünstetem Obst

500 g entsteinte Kirschen, 1 Tasse feiner Zucker, 4 EL Johannisbeergelee, 1 EL Kirschwasser

Die Kirschen wie für ein Kompott dünsten. Den Zucker dazugeben und noch etwas einkochen. Das Johannisbeergelee unterrühren. Kurz vor dem Servieren mit Kirschwasser parfümieren.
Zubereitung der Sauce: etwa 15 Minuten.

Orangensauce
zu verschiedenen Eissorten und Kuchen

2 Eigelb, 60 g Puderzucker, 1 Tasse Orangensaft,
1 TL abgeriebene Orangenschale, 1 Tasse aufgeschlagene Crème fraîche

Die Orangenschale zusammen mit dem Orangensaft und dem Zucker kochen. Über die mit einer Gabel gut verquirlten Eigelb gießen und abkühlen lassen.
1 Stunde in den Kühlschrank stellen und kurz vor dem Servieren die Crème fraîche unterziehen.
Die Sauce kann man auch mit Zitronen- oder mit Grapefruitsaft zubereiten.
Zubereitung der Sauce: ohne Kühlzeit einige Minuten.

Sauce Melba
zu zahlreichen Desserts

250 g Johannisbeeren, 250 g Himbeeren, 4 EL Puderzucker, 2 EL Curaçao

Die Früchte im Mixer passieren und das Püree anschließend durch ein Haarsieb streichen. Sorgfältig mit dem Zucker und dem Curaçao vermischen.
Knapp 1 Stunde in den Kühlschrank stellen.
Zubereitung der Sauce: im Nu!

Register nach Sachgruppen

Warme Saucen

Apfelsaftsauce 27
Austernsauce 82
Basilikumsauce 39
Béarner Sauce (Bearnaise) 34
Béchamelsauce 17
– mit Meerrettich 19
– mit Sahne und geriebenem Käse 18
Burgundersauce 86
Buttersauce 68
–, weiße 69
Chambertinsauce 51
Champagnersauce 66
Champignonsauce 22
Currysauce 47
Essigsauce 52
Estragonsauce 38
Fenchelsauce 71
Frühlingszwiebelsauce 46
Grüne Pfeffersauce mit Gänseleber 37
Grüne Sauce 80
Hechtsauce 81
Hollandaise mit Kapern 65
Holländische Sauce (Hollandaise) 31
Holundersauce 74
Kakaosauce 21
Kapernsauce 28
Kaviarsauce 78
Korinthensauce 44
Krebsbuttersauce 53
Kressesauce 48
Lange Sauce mit Champagner 88
Liebesapfelsauce 36
Madeirasauce mit Parmesan 24
Malteser Sauce 92
Mousselinesauce 75
Nantuasauce 70
Olivensauce 91
Orangensauce 50
Pariser Sauce 42
Pfefferminzsauce 45
Pikante warme Sauce 43
Portweinsauce 56
– mit Estragon 25
Quittensauce 59
Rote Bordeauxsauce 60
Rotweinsauce 55
Salbeisauce 29
Sardellensauce 40
Sauce Anastasia 76
– auf alte Art 64
– Bassaraba 73
– Coutainville 83
– Lison 84
– Mathilde 79
– mit hartgekochten Eiern 72
– Roger 85
– Traboule 67
– Trouville 77
Sauerkirschsauce 57
Sauternessauce 58
Senfsauce 20
Soubisesauce 54
Speckscheibensauce 62
Steinpilzsauce 90

Tomatensauce aus frischen
   Tomaten 35
Tomaten-Zwiebel-Sauce 30
Traubensaftsauce mit Walnüssen 49
Trüffelsauce mit Madeira 33
Trüffelsauce mit Pistazien 41
Viererlei-Käsesauce 89
Walnuß-Sauce mit Roquefort 23
Weinhändlersauce 26
Weißweinsauce mit Senf 87
Whiskysauce 32
Wildbretsauce 61
Wilde Sauce 63

Kalte Saucen

Aïoli 95
Amerikanische Sauce 103
Joghurtsauce 99
Kalte Sauce mit Minzgeschmack 112
Kalte Schalottensauce 111
Kapuzinermayonnaise 110
Mayonnaise 93
Meerrettichsauce mit Schnittlauch 114
Musketiersauce 105
Polnische Sauce 108
Ravigote 107
Sahnesauce mit Meerrettich 109

Sardellensauce 113
Sauce mit Bouillon und
   Weißwein 102
– mit sauren Äpfeln 106
– nach Alexandre Dumas 96
– Rose 115
– zu Vorspeisen auf griechische Art 100
Sauerrahmsauce 98
Senf-Dill-Sauce 115
Senfsauce, weiße 101
Specksauce 97
Walnußölsauce 104
Zitronensauce mit Pastis 94

Marinade und Court Bouillon

Court Bouillon 117
Marinade 116

Saucen für Desserts

Aprikosensauce 119
Avocadosauce 120
Erdbeersauce 119
Grapefruitsauce 120
Himbeersauce 118
Honig-Orangen-Sauce 121
Kirschsauce 121
Orangensauce 122
Pfirsichsauce 118
Sauce Melba 122

Alphabetisches Register

A

Aïoli 95
Amerikanische Sauce 103
Apfelsaftsauce 27
Aprikosensauce 119
Austernsauce 82
Avocadosauce 120

B

Basilikumsauce 39
Béarner Sauce (Béarnaise) 34
Béchamelsauce 17
– mit Meerrettich 19
– mit Sahne und geriebenem
  Käse 18
Burgundersauce 86
Buttersauce 68
–, weiße 69

C

Chambertinsauce 51
Champagnersauce 66
Champignonsauce 22
Court Bouillon 117
Currysauce 47

E

Erdbeersauce 119
Essigsauce 52
Estragonsauce 38

F

Fenchelsauce 71
Frühlingszwiebelsauce 46

G

Grapefruitsauce 120
Grüne Pfeffersauce mit
  Gänseleber 37
Grüne Sauce 80

H

Hechtsauce 81
Himbeersauce 118
Hollandaise mit Kapern 65
Holländische Sauce
  (Hollandaise) 31
Holundersauce 74
Honig-Orangen-Sauce 121

J

Joghurtsauce 99

K

Kakaosauce 21
Kalte Sauce mit Minzge-
  schmack 112
Kalte Schalottensauce 111

Kapernsauce 28
Kapuzinermayonnaise 110
Kaviarsauce 78
Kirschsauce 121
Korinthensauce 44
Krebsbuttersauce 53
Kressesauce 48

L

Lange Sauce mit Champagner 88
Liebesapfelsauce 36

M

Madeirasauce mit Parmesan 24
Malteser Sauce 92
Marinade 116
Mayonnaise 93
Meerrettichsauce mit Schnittlauch 114
Mousselinesauce 75
Musketiersauce 105

N

Nantuasauce 70

O

Olivensauce 91
Orangensauce 50
– für Desserts 122

P

Pariser Sauce 42
Pfefferminzsauce 45
Pfirsichsauce 118
Pikante warme Sauce 43
Polnische Sauce 108
Portweinsauce 56
– mit Estragon 25

Q

Quittensauce 59

R

Ravigote 107
Rote Bordeauxsauce 60
Rotweinsauce 55

S

Sahnesauce mit Meerrettich 109
Salbeisauce 29
Sardellensauce, kalte 113
–, warme 40
Sauce Anastasia 76
– auf alte Art 64
– Bassaraba 73
– Coutainville 83
– Lison 84
– Mathilde 79
– Melba 122
– mit Bouillon und Weißwein 102
– mit hartgekochten Eiern 72

- mit sauren Äpfeln 106
- nach Alexandre Dumas 96
- Roger 85
- Rose 115
- Traboule 67
- Trouville 77
- zu Vorspeisen auf griechische Art 100

Sauerkirschsauce 57
Sauerrahmsauce 98
Sauternessauce 58
Senf-Dill-Sauce 115
Senfsauce 20
–, weiße 101
Soubisesauce 54
Specksauce 97
Speckscheibensauce 62
Steinpilzsauce 90

T

Tomatensauce aus frischen Tomaten 35
Tomaten-Zwiebel-Sauce 30

Traubensaftsauce mit Walnüssen 49
Trüffelsauce mit Madeira 33
– mit Pistazien 41

V

Viererlei-Käsesauce 89

W

Walnußölsauce 104
Walnußsauce mit Roquefort 23
Weinhändlersauce 26
Weißweinsauce mit Senf 87
Whiskysauce 32
Wildbretsauce 61
Wilde Sauce 63

Z

Zitronensauce mit Pastis 94

Jeden Monat mehr als dreißig neue Heyne-Taschenbücher

... ein vielseitiges und wohldurchdachtes Programm, gegliedert in sorgfältig aufgebaute Reihen aller Literaturgebiete: Große Romane internationaler Spitzenautoren, leichte, heitere und anspruchsvolle Unterhaltung auch aus vergangenen Literaturepochen. Aktuelle Sachbuch-Bestseller, lebendige Geschichtsschreibung in den anspruchsvollen „Heyne Biographien", Lehr- und Trainingsbücher für modernes Allgemein- und Fachwissen, die beliebten Heyne-Kochbücher und praxisnahen Ratgeber. Spannende Kriminalromane, Romantic Thriller, Kommissar-Maigret-Romane und Psychos von Simenon, die bedeutendste deutschsprachige Science-Fiction-Edition und Western-Romane der bekanntesten klassischen und modernen Autoren.

Ausführlich informiert Sie das Gesamtverzeichnis der Heyne-Taschenbücher. Bitte mit nebenstehendem Coupon anfordern!

Senden Sie mir bitte kostenlos das neue Gesamtverzeichnis

Name
PLZ/Ort
Straße

An den
Wilhelm Heyne Verlag
8000 München 2
Postfach 201204